Ich war, Ich bin, Ich werde

Kapitel 9: Die Wende 2011

D1985524

......Es ging damit weiter, dass ich **drei** Nächte lang von toten geträumt habe. U.a. von einem ganz tollen Menschen, von dem Ihr später noch lest.
(Es läuft einem eiskalt den Rücken runter, wenn du gleich den Zusammenhang siehst).
Ich hielt die Qualen einfach nicht mehr aus, es tat so weh und ich war so fertig, dass ich keinen Tag mehr länger Leben wollte und es auch nicht mehr konnte. Zermürbt von den vielen Heroin-Entzügen und dem ganzen Horror, den ich bisher durchlebt habe, schnappte ich mir meinen Rucksack und eine Flasche Cola und ging los. Alles lief wie im Film ab. Ich kann mich noch gut an das Gefühl an diesem Tag erinnern. Alles dumpf und wie in einem anderen Universum.
Ich machte mich auf den Weg zum Steinbruch. Ich kannte dort eine Stelle, wo ich mit meinem Cousin ab und zu gekifft habe. Sie war ideal, um mein Leben zu beenden, denn diesen Absturz kann kein Mensch überleben. Ich hatte mir auch vorgenommen, ohne vorher zur Kante zu gehen und direkt mit Anlauf zu springen, dass ich ja nicht auf die Idee kommen könnte zu kneifen. Ich wollte meinem erbärmlichen Dasein endlich ein Ende setzen und niemand würde mich davon abhalten können.
Wie gesagt, alles war dumpf um mich herum und ich war wie ferngesteuert. Es ist ein relativ langer Weg hoch

zum Steinbruch. Irgendwann kamen mir auf dem Schotterweg noch 2 Polizeibeamten auf Pferden entgegen. Das kam mir schon etwas seltsam vor, aber ich grüßte sie und ging entschlossen weiter. Auf dem Parkplatz der dortigen Burg sah ich mir nochmal dieses schöne alte Gemäuer an und ging weiter Richtung Steinbruch. Der Weg dort ist mehrere hundert Meter lang, aber an einer Stelle, die weit vor der Stelle entfernt war, die ich kannte, blieb ich plötzlich stehen, als wenn mich jemand abrupt stoppt. Ich schaute den Berg links hoch und ging los. Dort musste ich unter 2 Maschendrahtzäunen durchkriechen und dann auf allen vieren, als wenn mich jemand an der Leine zog, den steilen Hügel hoch. Ich war sicher schon bald mein Ziel zu erreichen und sehr kurz vor meinem Ziel, immer noch auf allen vieren die Augen nach unten gerichtet, um nicht zu stolpern. Dann schaute ich nach vorne, um zu sehen wie weit es noch ist.
Bäm….
Direkt 2 Meter vor meinen Augen hing ein alter Mann mit einem Strick um den Hals am Baum. Er hatte graue Haare, Brille, ein rosa Hemd und graue Hose an. Ich werde diesen Anblick nie vergessen. Total unter Schock und panisch rief ich die Polizei an. Ich brachte keinen Ton raus, außer…. Der hängt da am Baum.
Der hängt da am Baum….. Ich wiederholte das einige Male, bis mir die Polizei meine Position entlocken konnte. Soweit ich mich erinnere schleppte ich mich dann wieder wie in einem Film, als wäre ich ein Zombie den Berg hinunter zum Weg und legte meine volle Colaflasche so hin, dass sie mit dem Flaschenhals in die Richtung zeigte, wo die Polizisten den Berg

hinaufklettern müssen, um den Typen zu finden. Danach ging ich zurück zum Parkplatz.
Da saß ich nun auf dem Parkplatz und wartete, bis mehrere Autos der Kriminalpolizei kamen.
Nach wie vor konnte ich nicht wirklich reden. Ich habe nur in die Richtung gezeigt und „bei der Colaflasche den Berg hoch“ gesagt.
Sie schickten einen Krankenwagen für mich, da ich eiskalt und nur noch am Zittern war. Unter dem ganzen Gemurmel habe ich dann rausgehört, dass sie den Mann seit **vier** Tagen suchen. (Ich weiß wie sich das anhört, aber wie lange habe ich von den Toten geträumt???).
Irgendwann kam dann noch die Tochter des Verstorbenen zu mir und sagte: "Danke, dass Sie die Augen offen gehalten haben." Ich antwortete nur: “Ich hatte keine Wahl”.
Ich kann nichts anderes sagen, als dass dieser Moment **DER** Wendepunkt in meinem Leben war. Die folgenden Wochen war ich nur noch eine hoffnungslose Hülle, die nur Hass und Schmerz fühlen konnte. Ich habe den Typen und mich selbst gehasst. Den Typen weil er mir im Weg hing und mich, weil ich noch nicht mal in der Lage war mein Leben zu beenden. Selbst dafür war ich zu unfähig. Ich habe mal wieder überlebt.
Mein bester Kumpel André und meine anderen Freunde versuchten, mich irgendwie aufzufangen, aber ich sah nur noch den Typen… Überall. An jedem Baum. Ihr könnt euch nicht vorstellen, was das für Horrorvisionen sind, wenn man sich selbst so hasst und dieses Ereignis jeden Tag und überall vor den Augen hat.

Mein damaliger Psychiater erkannte den Ernst der Lage und wies mich mit sofortiger Anordnung in die Psychiatrie ein!

Kapitel 1: Die ersten Jahre

Ich habe am 03.04.1981 das Licht der Welt erblickt. Sie (meine Eltern) sagten mir, dass es eine schwere Geburt war. Erst wollte ich zu früh kommen. Das konnte aber verhindert werden und dann wurde ich auf den 01.04.1981 angekündigt. Ich sollte also ein Aprilscherz werden. (Später stellte sich heraus, dass mein Leben alles andere als ein Aprilscherz ist). Mein Vater hielt es dann am 01.04. für eine gute Idee, schon mal sein gesamtes Monatsgehalt in der Kneipe auf den Kopf zu hauen und zu feiern, obwohl ich mir bis 03.04. Zeit gelassen habe. An dem Tag konnte es aber nicht schnell genug gehen und sie mussten mich per Kaiserschnitt holen, da meine Herztöne schon schwach wurden und wohl kaum noch hörbar waren. Eine Katze hat bekanntlich 7 Leben und da habe ich schon mal 1 verbraucht. Es sollten weitere folgen…
Mein Vater der mittlerweile drei Tage am Stück gefeiert hat und immer noch besoffen war, kam dann abends am 03.04.81 nach eigener Aussage sturzbetrunken ins Krankenhaus, um mich zu sehen. Sie zeigten ihm mich durchs Fenster, da ich im Brutkasten lag. Es war ein Kind mit Vollglatze. Am nächsten Tag, als er bei meiner

Mutter im Zimmer war und sie ein Kind reingebracht haben, hatte das aber schwarze Haare. Mein Vater protestierte. Er war sich sicher, dass sein Sohn gestern noch Glatze hatte. Nachforschungen haben dann ergeben, dass da tatsächlich ein Fehler und eine Verwechslung vorlag und nun brachten sie mich (mit Glatze) ins Zimmer.
Ob die Story stimmt weiß wohl niemand mehr so genau, aber erzählt hat mir das mein Dad mal im Suff. An die ersten drei Jahre kann ich mich kaum erinnern. Ich weiß noch, dass mein Opa mich zum Kindergarten gebracht und abgeholt hat. Dann, als ich vier war, haben mein Opa, Onkel und Vater zu dritt angefangen, ein Haus zu bauen.
Die meiste Zeit habe ich bei Oma oder meiner Tante verbracht. Es war hart für meine Familie. Das Leben bestand nur noch aus Arbeiten und Haus bauen. Die Baustelle war für mich ein toller Spielplatz, wo ich gerne meine Zeit verbrachte. Zusätzlich zur Arbeit und Hausbau spielte mein Vater am Wochenende noch in einer Band, die sich Red Wings nannten. Sie haben auf Volksfesten, Hochzeiten etc. gespielt. Nüchtern war da keiner der Bandmitglieder zu der Zeit. Das ganze ging über drei Jahre so. Dann kam ich in die Grundschule und mein Opa hat mich morgens hingebracht. Das waren so zehn Minuten Fussweg in einem relativ ruhigen Wohngebiet.
Mit sechs kam ich dann in die Schule. Die erste Woche brachte er mich komplett hin, die zweite nur noch 75% des Weges. Dann die Woche darauf 50%, 25% und schließlich bin ich alleine gegangen. Ich war damals ein so genanntes Schlüsselkind, das mit sechs Jahren

schon selbstständig aufgestanden (mit Kontrollanruf von Vater, oder Opa) zur Schule und nach Hause gegangen ist.

Dann kam eines der schlimmsten Ereignisse meines Lebens. Opa hatte sich an dem Haus so kaputtgearbeitet, dass er mit 59 Jahren einen Herzinfarkt erlitt und starb. Er hatte am Tag zuvor große Schmerzen im Arm, wollte aber nicht zum Arzt. Ich habe mitgehört, wie er zu Oma sagte, dass es von der schweren Bohrmaschine kommt und nicht schlimm sei. Sie überzeugte ihn dann trotzdem zum Arzt zu gehen. Es kam heraus, dass er einen leichten Herzinfarkt hatte. Aber Krankenhaus kam nicht in Frage, stur (irgendwo her muss ich das ja haben) wie er war.

Als nächstes weiß ich noch, dass er in der Küche stand, um die Packungsbeilage von den Tabletten zu lesen, die er vom Arzt bekam. Ich stand da im Flur und habe gesehen, wie er in der Küche auf die linke Seite umgekippt ist. Meine Eltern und Großeltern hatten gegenüberliegende Wohnungen. Meine Mutter holte mich dann rüber und irgendwann nachts hörte ich herzzerreißende Schreie meiner Oma. Ich wusste, es muss etwas ganz Schlimmes passiert sein.

Opa war Tod! Der Mensch, dessen absoluter Liebling ich war, der mir Autos erklärt hat, Zug gefahren ist, alles mögliche gezeigt hat, war weg.

Eine Erziehungsmaßnahme sitzt bis heute. Wir haben immer zusammen gegessen. Opa am Kopf der Tafel. Mein Vater, meine Mutter, meine Oma und ich. Es gab etwas leckeres und ich wollte mir unbedingt meine Portion selbst auf den Teller machen. Opa erlaubte es unter der Bedingung, dass ich es aufesse.

Natürlich tat ich mir viel zu viel drauf und konnte bald nicht mehr. Opa sagte dann, du bleibst jetzt so lange sitzen, bis es leer ist. Da saß ich nun. Opa blieb auch am Tisch mit einem strengen Blick, den er immer wieder beim umblättern seiner Zeitung auf mich richtete, während er sie fünf mal von vorne bis hinten durchlas. Wir saßen Stunden. Freunde klingeln, ob ich raus darf, aber Opa schickte sie Weg. Das war mir eine Lehre. Ich kann heute immer noch kein Essen stehen lassen, ohne dass es mir eiskalt den Rücken runterläuft.

Generell war Opa aber sehr fürsorglich. Da ich noch nicht lesen konnte, hatte er mir beigebracht, an den Radkappen die Automarken zu erkennen. Und bei einem Kartenquartett, wo Lokomotiven und deren Werte wie Gewicht usw. miteinander verglichen wurde und der bessere Wert dann die Karte bekommt, hat er mit mir alle Werte auswendig gelernt, dass wir zusammen spielen konnten.
Er saß auch oft stundenlang am Bahnhof mit mir und wir überlegten, welche Lokomotiven vorbei fuhren, mit wie viel PS usw. Er war mein absoluter Held. Ich erinnere mich auch noch an eine Zugfahrt mit einer echten Dampflok. Wir saßen genau hinter der Lokomotive in dem Wagon und unsere Gesichter waren Rabenschwarz, als wir wieder nach Hause kamen. Er hat mich einfach geprägt. Oma sagte später immer und immer wieder, als es dann ganz schlecht um mich stand, dass ich so niemals geworden wäre, wenn Opa noch leben würde.
Das Leben ohne ihn bestand für mich darin, morgens alleine aufzustehen, in die Schule zu gehen und danach

bei meiner Tante zu warten, bis meine Mutter nach Hause kam. Oma war mittlerweile in das fertig gebaute Haus im Odenwald gezogen.

Ich war in der Schule ein Kind, das sich nach Opa´s Tod um Aufmerksamkeit bemühte. Ich habe viel geheult, nachdem Opa gegangen war und mir dadurch Mitleid verschafft. Das sollte bis in die Pubertät so gehen.
Meine Freunde (die Zwillinge) hatten einen Commodore C64. Einer der ersten Computer, für die Leser, die nach 1985 geboren wurden, zur Erklärung. Sie hatten ein Spiel das hieß "Stunt Car Racer" und "Rick Dangerous".
Ich war total vernarrt darauf zu zocken. Jeder der beiden durfte eine Stunde am Tag an den C64, also habe ich mich mit beiden verabredet, um 2 Stunden ausnutzen zu können.
Im Nachhinein sehe ich natürlich, dass diese ersten Anfänge einer „Spielsucht" meiner Grunderkrankungen geschuldet ist, über die ich nachher noch schreibe.
Als ich 9 war, ging die Ehe meiner Eltern in die Brüche.
Ich weiß noch, dass ich mal meine Mutter auf meinem Vater sitzend sah, wie sie auf ihn eingeprügelt hat.
Kaputte Teller waren auch häufiger zu finden. Beide Eltern schoben die Schuld natürlich dem anderen zu. Als wir zu dritt in Kur waren (Es sollte wohl ein Versuch sein, die Ehe zu retten) hat Mutter den Bernd kennengelernt und ist mit ihm fremdgegangen.
(Währenddessen hat mein Vater die Fußball WM Spiele 1990 geschaut hat und ich durfte mir im anderen TV Zimmer den ersten Bud Spencer Filme ansehen. „Vier Fäuste für ein Halleluja").

Mutter ist dann kurz nach der Kur zu Berd nach Mannheim gezogen. Bud Spencer war mein erster Leinwandheld. Eine Dampfwalze, die nichts aufzuhalten vermochte. Coole Sprüche, die ich auswendig gelernt habe und die Fähigkeit, mit der Faust alles und jeden aus dem Weg zu räumen. Also genau das Gegenteil von mir, denn bis heute habe ich weder einen Schlag ausgeteilt, noch einen einstecken müssen.
Ich sollte die vierte Klasse noch bei meinem Vater wohnend zu Ende machen und dann musste das Gericht klären, zu wem ich ziehen würde.
Natürlich wollte ich zu meiner Mutter. Der Bernd war ein cooler Typ und sie kauften mir viele Sachen für mein Zimmer (Eigentlich das Schlafzimmer in der 2-Zimmerwohnung) in Mannheim und haben viel mit mir unternommen.
Als mich dann das Jugendamt fragte, wo ich hin möchte und ich Mutter gewählt habe, ging die Hölle los. Vorwürfe von Oma und Vater waren alltäglich. Wie kann ich nur zu jener bösen Frau wollen, die so viele schreckliche Dinge meinem Vater angetan hat. Auf der Gegenseite hörte ich die ganzen schrecklichen Dinge, die mein Vater verbrochen hat und der komplette Krieg wurde jahrelang über mich ausgetragen.
Meine Eltern haben kein Wort mehr (bis heute) miteinander gesprochen und bis heute kommen immer mal wieder kleine Negativkommentare, wenn ich zu Besuch bin. So etwas hinterlässt große Narben in einem Kindergehirn, die bis heute mein Leben beeinflussen.
Naja also lebte ich dann so ab dem 10. Lebensjahr bei meiner Mutter und Bernd. Die Wochenenden verbrachte ich bei meinem Vater. Bernd und ich hatten ein cooles

Verhältnis. Wir standen auf die gleichen Filme (Bud Spencer, Rambo, Rocky, Terminator etc.) und haben die gleiche Musik gehört.
Das waren Bands wie 4 Non Blondes, Aerosmith, Westernhagen, Guns´n Roses, um mal ein paar zu nennen. Das war auch die große Zeit von Nirvana (zu denen ich aber erst viel später, als ich selbst heroinabhängig war, Bezug fand) und dem Aufstieg von Michael Schumacher, den wir gemeinsam verfolgten. Wir sind morgens um 4 Uhr zusammen aufgestanden, um die frühen Rennen zu sehen. Er hat auch die Bravo gekauft, wo ich dann so ab meinem zwölften Lebensjahr die Dr. Sommer Rubrik recht interessant fand ;).
Das war auch so die Zeit, in der ich meine erste Sucht entwickelt habe. Nintendo! Ich saß von morgens bis abends davor. In der Schule lief es zusehends schlechter. Wenn ich so reflektiere denke ich, dass so mit 10 Jahren meine Depressionen die ersten Züge gezeigt hat, aber da damals ja noch viel mehr wie heute, in der Gesellschaft psychische Erkrankungen Einbildung sind und die Betroffenen ja nur so tun, als würde es ihnen schlecht gehen, hat natürlich niemand ein Auge darauf gehabt, ob ich vielleicht wirklich nicht ganz normal bin..
Da ich ein Mamakind war und sehr schnell die Tränen liefen, kann man sich vorstellen, dass ich recht schnell zum Opfer wurde. Die einzige Chance mich zu behaupten war, mit denen, die etwas zu sagen hatten, gleichzuziehen bzw. sie zu überbieten.
Ich war damals auch im Bowling Verein. Als ich elf war und da die anderen mit Light Zigaretten angefangen haben, musste ich natürlich mit Rot Händle ohne Filter

anfangen, um die anderen zu beeindrucken. Auch wenn es ums Zocken ging gehörte ich schnell zu den Besten und verdiente mir dadurch Anerkennung.
Ich hatte eine riesige Spielesammlung, denn meine Mutter war wohl mit ihrer eigenen Psyche sehr beschäftigt, so dass es kaum großer Anstrengung vermochte, um ein neues Spiel von ihr zu bekommen.
Ich hatte auf die Schule keinen Bock. Habe ja gelernt, dass ich nur heulen musste, um von meiner Mutter alles zu bekommen und auch nicht in die Schule zu müssen.
Meine zweite Leidenschaft war das Wrestling. Diese Muskelmonster mit ihren Moves und allen voran Hulk Hogan fand ich mega beeindruckend. Hogan war mein Held. Dieser riesen Typ, der alle „bösen“ besiegt. Es war halt auch eine Phantasiewelt in die ich mich flüchten konnte und natürlich blieb ich bis in die Nacht wach, um die Shows zu sehen.
So kam es dann, dass ich die sechste Klasse wiederholen musste. Ich kann es nicht anders in Worte fassen, aber ich habe mich damals schon wie ein Alien gefühlt. Irgendwie haben mich die anderen nicht wirklich verstanden.
Die Wochenenden habe ich häufig bei meinem Vater oder bei meiner Oma verbracht. Irgendwann kam Vater, nach vielen wechselnden Spielgefährtinnen, mit einer Polin namens Beata zusammen. Zu der Zeit war es so, dass viele Polen als Schwarzarbeiter in Deutschland waren. Sie haben in unmenschlichen
Verhältnissen gelebt und sich zu zehnt ein Hotelzimmer geteilt. Einfach nur den ganzen Tag arbeiten und Geld nach Polen schicken. Als Beata dann bei Vater eingezogen ist, waren da gleich noch ihre Schwester,

ihr Schwager und 2 kleine Kinder im Gepäck. Also die 3 Zimmerwohnung war voll und sie haben auch jeden Abend, wie es sich für Polen damals vor 30 Jahren gehört hat, gesoffen.
Ich habe zu der Zeit meinen Vater abends nie komplett nüchtern erlebt, fand das damals aber recht cool, denn es gab genug Zigarettenschachteln im Haushalt, an denen ich mir meinen Eigenbedarf entwenden konnte. Meine erste „Erfahrung“ mit Alkohol hatte ich auch zu der Zeit. Ich bin mal morgens aufgestanden und habe das volle Glas Cola auf dem Tisch getrunken. Es schmeckte ein wenig abgestanden und mir wurde kotzübel. Als Vater dann aufgestanden ist, fragte er, ob ich den Jacky-Cola getrunken habe. Das erklärte dann auch, warum es mir echt beschissen ging.
Ich glaube, die Beata war sogar mal schwanger und hat das Kind verloren. Ich weiß noch, dass ich damals schon Sorge hatte, dass ich irgendwann das Haus, mit Geschwistern teilen müsste. Eine Horror Vorstellung, denn ein Einzelkind teilt nicht.
Als ich 13 war, hatte ich dann die erste Erfahrung (abgesehen von den Doktorspielen in der frühen Kindheit) mit einem Mädchen. Mein Kumpel Tobi (Klassenkamerad und Bowling Center), Janina, Sabrina und ich waren bei mir im Zimmer und spielten Strip-Poker. Aber nur bis zur Unterwäsche (leider). In Janina war ich auch sozusagen das erste mal ein bisschen verknallt. So gingen dann die Jahre ohne große weitere nennenswerte Zwischenfälle vorbei. Arcade Spielautomaten waren noch so ein Thema, denn dort ballerte ich das Geld rein, das nicht für Zigaretten drauf ging.

Die Schule sah mich nur noch selten. Meist schrieb mir meine Mutter Entschuldigungen, aber manchmal machte ich auch einfach so blau. Bei meiner Fehlquote fiel das irgendwann auch nicht mehr auf, ob ich eine Entschuldigung mitbrachte oder nicht. Ich vergaß ja grundsätzlich auch die Hausaufgaben. So kam es auch einmal, dass ich mit Tobi den ganzen Tag im Freibad, anstatt in der Schule war und ich mir den Sonnenbrand des Jahrhunderts eingefangen hatte. Mein ganzer Rücken war voll mit Brandblasen. Problem daran war, dass meine Mutter nicht wusste, dass ich schwänzte. Ich konnte die Lüge aber nicht aufrecht erhalten, da der Sonnenbrand so brutal weh getan hat, dass ich zum Arzt musste. Konsequenz war ein Ganzkörperverband mit kühlendem Geld darunter.

Als ich 14 war, ging meine Mutter alleine für 10 Wochen in Kur. Ich blieb mit Bernd also in der Wohnung, der tagsüber arbeiten war. In der Zeit aß Bernd immer in der Kantine von John Deere, wo er gearbeitet hat und ich ging zum Essen zu unserer Nachbarin Ruth 2 Stockwerke tiefer. Sie war alleinerziehend mit ihrem kleinen Kind Kai. Bei Ruth war ich gerne, sie rauchte wie ein Schlot, stopfte Zigaretten selber und ich bekam natürlich auch einige davon ab. Sie hatte eine große Filmsammlung. Alle James Bond Teile, Schwarzenegger, Stallone und andere Action-Heroes aus den 80ern und Anfang 90ern. Mit denen konnte ich mich identifizieren. Ich konnte zwar keiner Fliege was zuleide tun, aber die Nummer von wegen „ein Mann gegen den Rest der Welt und übermächtige Gegner“ hat mich schon immer gefesselt. So wollte ich sein. Ein Held, der niemals

aufgibt, die Welt rettet und alle Gegner in ihre Schranken weißt.
Naja Mutter war also zur Kur und Schule war für mich kein Thema mehr. Ich hatte schlichtweg keine Lust und die vorgepferchten Dinge in Mathe und Englisch waren einfach nur mega ätzend. Sport hasste ich am meisten. Die Sportskanonen waren mir weit überlegen und durch mein nichtvorhandenes Selbstvertrauen, hatte ich schlichtweg keinen Mumm zu irgendwelchen Höchstleistungen aufzulaufen. Ich denke heute sieht die Welt anders aus. Würde gerne mal wissen, was aus den ganzen Mitschülern meines Lebens geworden ist. Rein optisch und auch in anderen Dingen ist der alte Mann (damit meine ich mich) wirklich ein echter Hero geworden. Bin gespannt ob mein Weg irgendwann Station in Hollywood macht ;).

Nach 10 Wochen kam Mutter aus der Kur zurück und erzählte, dass sie einen Mann kennengelernt hat. Nach ein paar Wochen sagte sie, dass wir zu ihm (500km weit weg) nach Norddeutschland ziehen. Ich kannte nur meine Geburtsstadt, Mannheim, Heidelberg, den Frankfurter Zoo und Bayern, da wir dort jedes Jahr Urlaub gemacht haben. Auch früher, als meine Eltern zusammen waren, ging der Urlaub nach Bayern.
Auf einen Bauernhof der Familie Dachs in Lam. Geile Zeit als Kind. Zu den Kühen in den Stall morgens, bis die Eltern aufgestanden sind, zum Gaul auf die Koppel und zu den Hühnern die Eier aufsammeln. Später dann mit Bernd waren wir in einem normalen Gasthaus. Abends schauten wir Peter Steiners Theaterstadl und zockten Uno oder Schnauz (andere nennen es Knack,

31, Schwimmen etc.). Bayern steht definitiv wieder auf der Agenda. Ich möchte nochmal die Orte besuchen, an denen ich als Kind jedes Jahr war. Da gab es auch noch echte Glasbläsereien, Sommerrodelbahnen, ein altes Silberbergwerk und einen Imbiss mit Hamburgern. (Bud Spencer isst Hamburger, muss also cool sein).

Ich sollte also mit meiner Mutter umziehen. Mit meinem Vater hatte ich schon 10 Wochen keinen Kontakt mehr, da meine Mutter mir verboten hat mich bei ihm zu melden, denn er durfte nicht erfahren, dass ich alleine bei Bernd bin. Dann packten wir die Sachen und zogen zu Thomas nach Wolfsburg. Thomas war anders als Bernd, aber auch in Ordnung. Er hatte einen PC mit Sim-City und Railroad Tycoon. Ich durfte den ganzen Tag zocken und war zufrieden. Sie meldeten mich an der Schule gegenüber an. Es kam aber nicht dazu, dass ich in diese Schule gegangen bin, denn nach einer Woche sagte Tom, dass er zu seiner Ex-Frau zurückgeht und wir wieder nun auf uns alleine gestellt sind.
OK also wieder Koffer packen und zurück zu Bernd, der uns wieder aufgenommen hat. Nach ein paar Wochen bemerkte ich dann, dass Mutter heimlich mit Thomas telefoniert. Ich habe sie zur Rede gestellt und sie meinte dann, dass es ihm leid tut und wir wieder zu ihm ziehen. Da ist mir, glaube ich, das erste Mal in meinem Leben bewusst der Arsch geplatzt. Natürlich habe ich bemerkt, dass meine Mutter gelitten hatte, als er uns weg geschickt hat. Und zu dem will sie wieder zurück?? Am Arsch! Wir haben uns gestritten und morgens dann war sie weg. Ich weiß nicht mehr genau, ob sie noch Tschüss gesagt hat, aber ich glaube nicht. Sie ist mit

ihren gepackten Sachen einfach ohne mich zu Thomas gegangen.

So, da war ich nun mit meinen 14 Jahren. Mutter ist weg, mit Vater hatte ich schon fast ein halbes Jahr keinen Kontakt mehr und dementsprechend keinen Plan, was ich jetzt machen sollte. Als mittags Bernd von der Arbeit kam hielten wir Kriegsrat. Daraufhin musste ich meinen Vater anrufen und erzählen, was da gerade passiert
war. Ohne zu zögern hat er mich dann in Mannheim abgeholt und mir mein altes Zimmer gegeben. Glücklicherweise hat zu der Zeit keine polnische Großfamilie mehr bei ihm gewohnt. Ich erinnere mich, dass er eine viel jüngere Freundin hatte, die ist dann aber gegangen, als sie gehört hatte, dass ich jetzt bei ihm Wohne (ja das muss ich meinem Vater lassen. Er war für mich da).

Kapitel 2: Ab 1997

Er meldete mich in meiner Geburtsstadt an der Schule an. Da ich 5 Monate nicht mehr in der Schule war, kam ich dann in die siebte Klasse Hauptschule. Glücklicherweise ist aus der Realschule doch etwas hängen geblieben und ich schaffte irgendwie noch die Versetzung. In der Klasse war ich auch nicht bei den ganz coolen Jungs dabei. Auch nicht bei den totalen Aussenseitern, eher so in der Mitte, denn wenn man keine Lewis Jeans hatte, war man gleich als Trottel ohne Stil eingestuft und es war unmöglich in die „erste Garde“ zu kommen. Glücklicherweise war ich aber wenigstens keine Heulsuse mehr. Bei meiner Mutter bekam ich mit Tränen ja alles was ich wollte. Das hat allerdings bei meinem Vater mal so garnicht funktioniert. Ein mal versuchte ich es, um an ein neues Nintendospiel zu kommen, bin damit allerdings krachend gescheitert, da mein Vater halb ausgerastet ist und wütete „Mit heulen erreichst du bei mir überhaupt nichts. Verzieh dich und komm wieder wenn du aufgehört hast rumzuflennen“.

Ich hatte den Kontakt zu meinen Freunden aus der Grundschule nie ganz verloren und so verbrachte ich meine Freizeit zu Beginn meistens dort.
In der Grundschule war auch Olli, mit dem ich wieder in Kontakt kam. Olli war cool. Er rauchte, trank schon Bier. Er hörte Böhse Onkelz, Metallica, Maiden, Angelripper usw. Da er der einzige Raucher war und sein Auftreten einfach stark rüberkam, heftete ich mich an seine Fersen.
Wir hatten viel Spaß miteinander und nachdem ich das erste Mal so richtig Alkohol mit meiner Sister an Sylvester 1997 getrunken hatte, wuchs auch der Durst, der mit Olli fast täglich gut gestillt wurde.

>*Sister und ich bezeichnen uns als Geschwister, da wir zusammen aufgewachsen sind. Sie ist die Tochter von*

Mutters Schwester und von einem Bandmitglied meines Vaters, der gleichzeitig Keyboarder und Sänger war. Wir haben viel Zeit unserer Kindheit im Proberaum der Band und auf Volksfesten verbracht, wo unsere Väter die Meute unterhielten. "Skandal um Rosi" wurde bis zu 13 mal an einem Abend gespielt und
die Leute haben wirklich auf Bierbänken und Tischen getanzt bis in den Morgengrauen. Die Red Wings konnten die Leute und sich selbst so ab 12 Promille echt gut unterhalten.<

Olli hatte eine Gitarre und auch die Zwillinge fingen an Instrumente zu Spielen. Alex in erster Linie Keyboard und Sebastian Gitarre. Generell hat sich zu der Zeit eine echte Metal Community entwickelt. Onkelz waren Nummer eins bei mir und danach kamen Black Metal, Death Metal und andere Metal Richtungen dazu. Hauptsache finster und böse. Mein Klamottenstil ging recht schnell in schlichtes schwarz mit anti-chrislichen und mystischen Symbolen über und das sollte ich bis zu meinem 31 Lebensjahr auch so beibehalten.
Am Black Metal liebe ich noch heute die Atmosphäre und damals das Anti-Christliche. Ich bin zwar konfirmiert, aber die Konfirmation war eines der schlimmsten Erlebnisse meines Lebens. Erstens hat in der Nacht Axel Schulz gegen George Foreman um die Schwergewichts Meisterschaft geboxt und ich hatte kaum Schlaf. Zweitens bestand, nachdem ich fast 1 Jahr nichts von meiner Mutter gehört hatte die leise Hoffnung, dass sie zu meiner Konfirmation kommen würde. Immerhin war das zu der Zeit ein großer Tag für ein

Kind, aber Fehlanzeige. Ich konnte sie nirgends in der Kirche entdecken.

Als ich dann meinen Text vorlesen sollte ging alles in die Hose. Meine Knie zitterten und meine Stimme versagte. Das einzige, was ich noch rausbekam war “so eine Scheisse” und das so laut, dass es die gesamte Kirche gehört hat und überall ein raunen und lachen zu hören war. Dieses beschissene Erlebnis war meine erste Panikattacke und verfolgt mich bis heute und immer noch habe ich Angst, dass so etwas wieder passieren könnte, wenn ich vor Menschen sprechen soll. Absoluter Horror und Selbstvertrauenzerstörer. Natürlich war ich auch der einzige von allen Konfirmanden, der eine rote Weste anhatte. Die 30 anderen trugen schwarz. Ja die Familie Saw fällt halt gerne auf.
Das einzig positive an dem Tag war, dass Olli und ich nebeneinander standen und der Pfarrer den Weinkelch vor mir wieder gefüllt hat. Ich habe den dann erstmal geext. Nachdem Pfarrer Schäfer mich grimmig angeschaut hat, füllte er den Kelch wieder und gab ihm Olli, der es mir gleich tat. Pfarrer Schäfer hat nur noch mit dem Kopf geschüttelt. Vorm Konfirmatengeld habe ich mir einen Videorecorder und ein Aquarium zugelegt. Mein Vater hatte ein Aquarium im Wohnzimmer und ich wollte natürlich auch eins. Das habe ich dann auch fast 1 Jahr lang wirklich gepflegt.
So mit Ende 15 ging es los, dass man standardmäßig am Wochenende Party gemacht hat. Ich glaube, 1997-2000 gab es kaum ein Wochenende, an dem ich nicht gekübelt habe. Entweder vom Suff, oder später von anderen Sachen. Die Partys waren geil und vor

meinem 16 Lebensjahr hatten wir auch schon eine Stammkneipe, das SixPack.

Der Wirt war so ein cooler Typ und wir fühlten uns dort zu Hause. Es lief Rock und Metal und man kam nie nüchtern da raus. In dem Laden habe ich auch das erste Mal geküsst, aber sie wollte mich im Endeffekt dann nicht. Großes Drama. Der erste Liebeskummer mit ziemlich schweren folgen. Es führte dazu, dass ich in Folge darauf unheimliche Verlustangst entwickelt habe. Erst haut die Mutter ab und dann Liebeskummer.

Ganz kurz vor meinem 16 Geburtstag hatte ich dann das erste mal Sex mit einem Mädchen. Sister hat sie mit zu mir gebracht und nachdem wir selbst schon gut getrunken hatten und dann mit meinem Vater noch ein paar Flaschen geleert haben, (denn auch er kam abends schon gut angesoffen nach Hause) hat sie mich regelrecht „verführt". So voll wie ich war, weiß ich nicht mehr so wirklich wie es war, aber in den folgenden 7 Wochen habe ich festgestellt, dass ich von Sex nicht genug bekomme. Am besten mehrmals am Tag (auch noch heute in gewissen Phasen). Problem war nur, dass man dazu nunmal eine Partnerin braucht, die ähnlich bedürftig ist. Das mit meiner ersten Freundin hielt die besagten 7 Wochen, aber wirklich lange war ich nie Single. Als ich 16 war gab es mal eine Zweitägige Metalparty beim nem Kumpel im Keller. Der Keller war so dermaßen vermodert und verschimmelt, dass die Klamotten auch nach 2 Waschgängen immer noch abartig gestunken haben. Es war eine der besten Partys meines Lebens. Einer der Zwillinge hatte eine Freundin aus Bad Wimpfen bei Heilbronn, die er kurz vor der Party kennengelernt hat. Er zeigte mir Fotos von ihr und da sah ich auf einem Bild eine echte Bombe. Ich fragte wer das ist und dass seine Freundin die auf dem Foto unbedingt mit zur Kellerparty bringen muss. Ich wusste sofort, dass ich sie will. Er und ich holten die beiden vom Zug ab und es kam, wie es kommen musste.

Heike und ich wurden ein Paar und sie war meine erste große Liebe. Ich war auch ihr erster Freund und dementsprechend hingen wir sehr aneinander.

Es war eine reine Wochenendbeziehung. Sie kam an den Wochenenden meist zu mir, da ich mich nicht wirklich gut mit ihrem Vater verstand.
Ich lief halt schon rum wie ein Assi und meine Tendenz zu den Onkelz, denen man ja nachgesagt hat, dass sie rechtsradikal waren, war ich nicht gerade der Musterschwiegersohn.
Die ersten richtigen schwereren Depressionen kamen kurz bevor ich Heike kennengelernt hatte, direkt nach dem ersten Liebeskummer. Davor wie gesagt auch schon, aber ab da ging es richtig los. Ich fühlte mich immer beschissener und griff auch fast täglich zu Alkohol, der mir einfach bessere Laune verschafft hat. Dazu das Gemeinschaftsgefühl mit den Kumpels, die Partys, Lieder die man zusammen gesungen hat und man hatte Träume die immer als Spinnerei von Vater und anderen Erwachsenen schlecht geredet wurden. Olli und ich haben damals schon gesagt, dass wir Alkoholiker sind. Das waren wir noch nicht wirklich, aber der Suff war ein ständiger Begleiter. Die Abschlussfahrt der Hauptschule 1998 fand am Altrhein statt. Wir zelteten vier Tage und während dieser Zeit bin ich dreimal 30 Minuten lang ins Dorf gelatscht und hab mir nen Kasten Bier geholt. Ich denke das sagt schon recht viel, wie es um mich stand. Ich fand es aber cool, denn auch so kann man sich einen Namen machen. Einfach, indem man alles was die anderen machen toppt. Tranken die anderen 10 Flaschen hab ich 12 leer gemacht. Ich war dadurch Gesprächsthema und das genoss ich.

In einer lauen Sommernacht zwischen meiner ersten Freundin und Heike habe ich André kennengelernt. Er sollte über 25 Jahre mein treuester und bester Freund werden, aber diese tiefe Freundschaft hat sich erst über die Jahre entwickelt. Ich saß mit Christian (ein guter Freund den ich schon vom Kindergarten her kannte) bei Olli und wir tranken ein paar Bier. Gegenüber war so eine Art Sportplatz der angrenzenden Grundschule. Wir hörten aus dem Fenster, dass da Action war und mehrere Leute sich dort zum Feiern niedergelassen haben. Einen davon kannten wir, also beschlossen wir uns dazuzugesellen. Ich weiß noch, dass es recht lustig war, bis ein paar Beamten das gesellige treiben beendeten, da wir zu laut waren. Also verlagerten wir die Szenerie ins Stadion. Ein Mädel wich mir nicht von der Seite. Sie war ein paar Monde jünger als ich und mit ein bisschen Sprit in der Birne hatte sie dann auch ihr erstes Mal mit mir in meinem Zimmer, nachdem wir die Meute verlassen hatten. Diese Nacht führte dazu, dass ich einen zweiten Freundeskreis bekam, der mit dem alten Freundeskreis nicht wirklich zu vermischen war. Der neue Kreis war so die Westside Gang (wir lebten in der Weststadt) und der erste Freundeskreis war so die Brothers of Metal Community.

In beiden Kreisen hatte ich wirklich eine geile Zeit. Partys auf Sisters Acker (ein Kleingarten mitten im Feld), fanden alle paar Wochen im Sommer statt und wenn nicht, war man im Six Pack, bei Olli in der Bude, bei mir wenn Vater on Tour war (Wir wussten genau, wenn er heimkommt, ist er dicht und es wird

lustig werden), oder bei den Zwillingen. Wie gesagt, ne geile Zeit, in der ich aber schon oft Anflüge von Depressionen hatte. Irgendwann hatte ich auch mal wieder Liebeskummer (hatte ich öfter "Stichwort Verlustängste") und mir den Namen der Angebeteten mit ner Rasierklinge über den ganzen Unterarm geritzt. Glücklicherweise sind dadurch keine Narben entstanden.
In der Community haben wir auch eine Zeit lang DSA (Das schwarze Auge) gespielt. Das war ein Rollenspiel ohne PC, wo man sich quasi in der Phantasie bewegt hat. Es war mystisch mit Zwergen, Elfen, Kriegern und Magiern. Man hatte nur seinen Charakterpass in der Hand und ein paar Würfel, um die verschiedenen Aufgaben, Kämpfe und Rätsel zu bestehen.
Das Highlight war, als wir in der Klosterruine von Handschuhsheim gespielt haben. Mit Fackeln, was zu trinken und unbeschwerter Laune. Das war aber schon in der Zeit, in der ich in den zweiten Kreis gedriftet bin.
Um diese Zeit habe ich auch meine Lehre als Maurer begonnen. Blau auf'm Bau fand ich cool und da man mit Baustellen damals immer Säufer in Verbindung brachte, dachte ich das wäre mein Traumjob. So langsam ging es aber psychisch bei mir rapide den Bach runter. In der Berufsschule wurde ich auch gemobbt und fühlte mich als Alien. Die Berufsschule wurde zum Hassobjekt und nach 8 Monaten habe ich die Lehre geschmissen.
Ich wollte dann noch einmal einen Angriff starten, um meinen Realschulabschluss zu machen und meldete mich auf der Wirtschaftsschule an.
So langsam ging es aber los mit der Kifferei. Heike war noch meine Freundin und am Wochenende, wenn sie

bei mir war, haben wir uns fleißig die Birne weggeballert. Unter der Woche bestand mein Leben hauptsächlich darin, Geld für was zu Kiffen zu organisieren. Vor der Schule, in der Pause, nach der Schule. Egal wann, Hauptsache breit. Wenn ich nichts hatte, war ich hochgradig depressiv, oder aggressiv. Zu Beginn hat es mein Vater toleriert. Er hat ja selber auch in seiner Jugend gekifft und auch in der Zeit wo ich begonnen habe, hat er öfter mal am Wochenende einen durchgezogen.
Das erste Mal, als ich so breit war, dass ich gekübelt habe wie ein Pferd und sehr abstrakte Gedanken hatte (Im Spiegel war ich ohne Kopf und nur der Hals war zu sehen. Komisches Bild damals, so ein Stumpf über dem Gurgelknopf hehe).
Mein Vater hat irgendwie rausbekommen, dass ich mit Sister gekifft hatte. Als er dann mal besoffen nach Hause kam stürmte er in mein Zimmer und zeigte auf Sister und mich mit den Worten "Ihr 2. Mitkommen". Wir folgten ihm also ins Wohnzimmer und dann holte er seine Pfeife heraus und ich schätze mal so 10 Gramm Shit. "Ihr habt gekifft? Jetzt Kiffen wir richtig und ich blase euch die Lichter aus."
Er hat uns total fertig gemacht. Wir haben die 10 Gramm pur durch die Pfeife weggeballert. Sister und ich wurden immer breiter und er bombardierte uns mit einem Feuerwerk an Sprüchen. Wir hatten Krämpfe vor lachen und immer wenn wir nicht ziehen wollten kam "Ihr seid doch immer so stark und jetzt lasst ihr euch von nem alten Mann Platt machen?" Das Sprüchefeuerwerk kommt nicht so gut schriftlich, da es auch im Odenwälder Dialekt genuschelt wurde, aber

wenn ihr meinen Podcast hört, oder ich mal Live bin, hole ich das gerne nach.
Naja, es kam wie es kommen musste. Sister und ich waren gefühlt dem Tode nah. Ich bin mit meinem Schädel dauernd gegen die Bettkante geknallt, da ich ja Augenscheinlich keinen Schädel mehr hatte und jenen auch nicht mehr gefühlt habe. Sister versuchte irgendwie nicht von der Couch zu fallen, da meine Dartscheibe wie ein Propeller ihren Gleichgewichtssinn komplett ausgehebelt hat. Danach war ich auch für kurze Zeit von der Kifferei geheilt, aber das währte nicht lange. Ein paar Jahre später habe ich dann aus Rache meinen Vater mal fertig gemacht beim Kiffen. Da war er dem Tode Nah und ich habe ihn ausgelacht.

Zu Beginn ließen sich die Freundeskreise noch vermischen. Ich war in beiden Kreisen als der „Größenwahnsinnige John“ bekannt, weil ich schon immer erzählte, dass ich einmal etwas großes Vollbringen und der Welt etwas bedeutendes hinterlassen werde. In beiden Kreisen war ich dann nur noch selten nüchtern und wenn ich nichts hatte, war der Tag komplett im Arsch und ich konnte keinen Spaß mehr empfinden. Die Metal Community war allerdings eher alkohollastig und nur vereinzelte Personen konnten Kiffen etwas abgewinnen. Der zweite Kreis (die Weststadt Leute) waren größtenteils Dauerkiffer. Eins hatten alle Kreise gemeinsam. Es wurde den ganzen Tag gezockt, wie blöde. Final Fantasy, Tekken, Resident Evil 1, Diablo, nur um mal ein paar Spiele zu nennen. Peter und ich waren da mit Abstand die besten Zocker und wir pushten uns gegenseitig zu Höchstleistungen.

Hätte es damals E-Sports schon gegeben, müssten wir heute vermutlich nicht mehr arbeiten… Obwohl, wahrscheinlich doch, denn die nicht vorhandene Fähigkeit mit Geld umzugehen hätte die ganze Kohle vernichtet.

Ich schwänzte die Schule, habe Peter wach geklingelt und wir zockten. Dann organisierten wir Kiff und zockten weiter. André war sehr eng dabei, aber er war meist nüchtern und konnte Kiffen nur wenig abgewinnen. So kam es dann, dass ich mich mehr und mehr in der Weststadt zuhause sah und die meiste Zeit mit Peter, (den ich auch auf der Sportplatz Party kennengelernt hatte) verbracht habe, wenn ich überhaupt unter Leuten war.
Parallel dazu hat sich eine tiefe Verbindung zu dem Sohn eines Bandmitglieds meines Vaters, den ich als Cousin bezeichnete ergeben. Leider bekam er irgendwann ein paar Jahre später ein Aggressionsproblem und da ich mit aggressiven Menschen überhaupt nicht klarkomme trennten sich unsere Wege irgendwann. So nach und nach war ich eigentlich täglich total breit von morgens bis abends. Die Schule habe ich frühzeitig abgebrochen, um dann im Folgejahr einen zweiten Versuch zu starten, der ebenfalls zum Scheitern verurteilt war.

Während des zweiten Versuchs habe ich das erste Mal Heroin genommen. Ich habe so mit 15 Jahren mal Christiane F. gelesen und bei mir hat es das Gegenteil von dem bewirkt, was es eigentlich bewirken soll. Das Buch soll ja als Abschreckung dienen, aber bei mir, dem

es psychisch total beschissen ging und wo sowieso alles anders ist wie bei "normalen" Menschen, weckte die Erzählung von ihr, wie sich Heroin anfühlt, die Gier sich wenigstens einmal im Leben richtig geil zu fühlen. Also stand mein Entschluss fest, es zu probieren.
Nach dem zweiten Versuch, die Realschule zu schaffen, fing ich bei der Post als Briefträger an. Nach sechs Wochen bekam ich meinen ersten Lohn (für 2 Monate zusammen). Das waren 4000 DM. Ich gab meinem Vater 600 Mark ab und hatte nun 3400 Mark zum Ausgeben. Wie es der Zufall oder das Schicksal so wollte, wurde genau zu der Zeit ein Markus aus der Weststadt heroinabhängig.
Er besorgte mir mein erstes Gramm. Bäm und es war noch besser, als Christiane es beschrieben hatte. Ich war in einem sechsdimensionalen Multiversum-Kinofilm, in dem ich Regisseur und Hauptdarsteller war. Ich fühlte mich tiefen entspannt, überglücklich und total über den Dingen stehend. Keine Droge ist vergleichbar und da ich gleich das ganze Gramm weggezogen habe, was fürs erste Mal viel zu viel ist, war es das intensivste Gefühl, dass ich von Drogen jemals hatte.
Das Problem an Heroin ist, dass du dieses Gefühl und dieses Kinoerlebnis immer wieder haben willst (wenn du so ein Seelenkrüppel bist wie ich). Die Chinesen sagen dazu "Den Drachenkopf jagen". Man versucht wieder und wieder den Kopf zu fangen, aber von mal zu mal entfernt er sich weiter und du nimmst immer mehr. Es wird niemals wieder so sein, wie beim ersten Mal. Dementsprechend sind Leute wie ich sofort psychisch abhängig. Durch das viele Geld war ich gleich 2 Wochen am Stück drauf.

Am Wochenende hat Heike dann auch das erste Mal probiert. Nun gut, mehr weiß ich leider nicht mehr darüber, denn eines der Probleme am H. ist, dass man keine Ahnung hat, was am Tag zuvor alles passiert ist. Man ist komplett in einer anderen Welt und erinnert sich am nächsten Tag an fast nichts mehr, vor allem wenn man es noch mit Kifferei verbindet. Nach 2 Wochen war das Geld leer und ich wollte bis zum nächsten Gehalt einfach pausieren.
Ich bekam die übelste Grippe meines Lebens. Schüttelfrost, Gliederschmerzen in den Beinen und ganz schlimm im unteren Rücken. Das war so heftig, dass ich auf die Beine eingeschlagen habe, um den Schmerz, (der zu keiner Sekunde nachlässt und so quälend ist, dass es dich total zermürbt) zu verlagern.
Nach 3 Tagen war die Grippe überwunden und ich bin wieder zur Arbeit. Glaube dass ich dann bis zum nächsten Gehalt nur gekifft habe.

Dann kam mein zweites Gehalt 2000 DM. Natürlich sofort zu Markus und Stoff geholt. Diesmal waren die 2000 Mark nach ein paar Tagen leer und ich bekam sofort wieder eine Grippe. Dann fiel mir Christiane F. ein und dann der Schock. Ich weiß noch, wie ich mich in dem Moment gefühlt habe. Es lief mir eiskalt den Rücken runter und mein Kreislauf ging in den Keller. Ich muss kreidebleich gewesen sein und stand unter Schock. "Verdammte scheisse das ist keine Grippe, sondern ein Entzug!". Ich glaube in dem Moment gefühlt zu haben, dass das meine Zukunft bestimmen wird und ich diese Schmerzen noch sehr oft aushalten werde. In den nächsten 13 Jahren werden es schätzungsweise um die 60 kalten Entzüge nur vom Heroin gewesen sein, denn ein Teil von mir hat immer gegen die Sucht gekämpft und wollte sich nicht mit dem Dasein als Junkie abfinden. Ab da bestand mein Leben eigentlich nur noch daraus Stoff zu organisieren, dagegen anzukämpfen, Entzüge auszuhalten und irgendwie den Tag zu überstehen.

Mein Vater hatte mich längst aufgegeben. Am Wochenende ging er zu seiner Freundin und unter der Woche redeten wir nach einem Zwischenfall, wo ich in meiner Heroin Arroganz vor ihm stand und ihn aufgefordert habe, mich zu schlagen, dass ich ihn verklagen kann, kein Wort mehr miteinander. Heroin macht dich zu einem arroganten Arschloch in den ersten Monaten, da man einfach über allem steht. Man hält sich für Gott und die Menschen um dich herum, als Fussvolk (danach, wenn man durch die Entzüge zermürbt ist, macht es dich zu einem Seelenkrüppel ohne Selbstwert). In der Zeit habe ich sehr viele Freunde verloren und mein Ruf war im Arsch. Wir saßen mal bei einem Bekannten. Ich war mit Heike drauf und 2 Weststadt Jungs wollten H. probieren. Ich sagte nur: "Das ist nichts für euch. Das ist für besondere Menschen und ihr vertragt das nicht."
Ab da wurde ich immer nur mit H. (äitsch ausgesprochen wie das englische H) anstatt meinem Namen in der Weststadt genannt.

>*Wenn ihr beiden das lest, seid dankbar. Ich habe euch vor höllischen Schmerzen und viel Leid bewahrt. Ich glaube es hielt auch andere ab, das zu nehmen, weil sie*

gesehen haben, was es in kürzester Zeit aus mir gemacht hat.<

Sister war mal mit ihrem Freund bei mir, mit dem ich auch schon echt viel Spaß in der Metalzeit hatte. Habe sogar mal 4 Wochen bei ihm gewohnt, aber mein Verhalten an dem Tag war echt zum kotzen und auch die beiden distanzierten sich zu recht von mir.

Markus (der mir lange das H. besorgte und auch in der Weststadt zuhause war und zur zweiten Community gehörte) ist auch total abgerutscht. Er ist bei einer bekannten Familie eingebrochen. Deren Tochter war das Mädchen, die ich nach der Sportplatz Party entjungfert hatte. Wir gingen bei der Familie vor dem Einbruch ein und aus und waren mit allen 3 Kindern gut befreundet. André z.B. hatte eine Zeit lang etwas mit der Schwester von meiner Liebschaft. Lange Rede, kurzer Sinn. Markus ist eingebrochen, während der Vater schlief und hat den PC, Bargeld und ich glaube den Videorekorder geklaut. Drauf wie er war hat er sogar aus dem Kühlschrank noch eine halbe Tafel Blockschokolade gefressen. Das ist so bei Heroin. Man denkt null über Konsequenzen nach und macht fast alles um an Geld zu kommen. Bei ihm war die Gleichgültigkeit nochmal verstärkt, da er zusätzlich auch mit Diazepam vollstopft war. Er wurde verhaftet und kam in den Bau.

Keine Ahnung wie viele kalte Entzüge ich da schon gemacht hatte, auf jeden Fall war ich da schon der Meinung keinen weiteren mehr auszuhalten. Irgendwann hat mich dann mein Vater in Entgiftung nach Wiesloch gebracht, wo ich nach zwei Wochen entlassen wurde und erstmal im Sixpack 3 Liter Batida-Banane und 32 Hütchen weggesoffen habe (auf Deckel). An die Zahl erinnere ich mich noch ganz genau, denn das SixPack war mir wichtig und ich hatte aus bekannten Gründen keine Kohle die 156,50 Mark zu bezahlen. (Den Job bei der Post hatte ich schon lange verloren, da ich dauernd wegen Entzügen) krankgeschrieben war. Da plagte mich echt mein Gewissen, denn der Wirt war einfach ein durchweg guter Mensch und es hat mich in meiner Ehre gekränkt, ihn so lange warten zu lassen, bis ich bezahlen konnte.

Markus war wie gesagt dann im Bau. Ich überbrückte eine Zeitlang, indem ich mir von Russen H. Besorgte, aber da die selbst schlimme Junkies waren, wurde die Ware immer schlechter und irgendwann versiegte meine Heroinquelle. Ich erzählte Vater, wie es um mich stand und der brachte mich zum zweiten Mal nach Wiesloch in Entgiftung.

Irgendwann während der ersten Heroinzeit, kam ich auch das erste mal mit Antidepressiva in Berührung. Ein Entzug bahnte sich an, also ging ich zu meinem Hausarzt, bei dem ich Stammkunde war. (Ich brauchte ja andauernd Krankmeldungen, oder Schulbescheinigungen und war generell dauernd "krank".

Das meiste war wohl Entzügen geschuldet, oder psychosomatisch). Er verschrieb mir Doxepin, da ich über Depressionen klagte. Ich erhoffte mir eigentlich Valium, welches er aber leider nicht rausrückte. Abends warf ich mir dann schon mitten im Entzug ein paar ein.

Ich weiß noch, dass Heike bei mir war und dass das Doxepin nicht den gewünschten Effekt brachte. Es waren wohl ein paar zu viel und ich bekam zusätzlich zu dem Entzug noch meine erste extreme Panikattacke dazu.

(Heute weiß ich, warum Doxepin nicht das richtige Medikament für mich ist). Was mich dann einigermaßen aus der Panik rausgeholt hat, war im TV irgendeine komische Comedy Sendung, wo ein Mann so tat, als ob er ein Liliputaner sei und Golf erklärte. Beim Schreiben dieses Buches habe ich nach langem Suchen herausgefunden, dass es "Dorfs Golf Stories" heißt. Dachte schon ich hätte mir das damals eingebildet lach. Zum 01. Mai 2001 habe ich dann das erste mal Ecstasy probiert. Kurz davor habe ich meinen Job als Briefträger wiederbekommen. Eine geile Zeit folgte. Jeden Tag mit Pille im Hirn Post austragen, machte unendlich Spaß. Irgendwann wog mein vom Heroin schon ausgemergelter Körper nur noch 49 KG. Ich sah aus wie eine Leiche. Bei Heroin ist es so, dass der Magen irgendwie die Verdauung einstellt. Egal was man isst oder trinkt kotzt man wieder raus. Es ist nichtmal ein ekeliges kotzen. Es gehört wie selbstverständlich dazu und aus dem Blumenbeet vor meinem Zimmerfenster wurde totes Land.
Wenn man draussen unterwegs war drehte man kurz den Kopf, egal wo man war. Man kotze einen Strahl, wischte sich den Mund ab und ging weiter, als ob es das normalste der Welt war.

Als ich damals die ersten 2 Wochen auf H war, so nach anderthalb Wochen bekam ich Bauchkrämpfe und mir fiel auf, dass ich schon ewig nicht mehr kacken war. Vom Heroin bekommst Stuhl wie Betonklötze. Steinhart. Also kaufte ich mir Abführtropfen. Ich habe die nach der Gebrauchsanweisung, morgens bevor ich ins Postamt gelaufen bin genommen und laut Beschreibung hätten die so nach einer Stunde wirken sollen, was nicht der Fall war.
Draussen im Bezirk mitten in einem Rentnerviertel dann die Katastrophe. Ich musste und konnte es nicht mehr halten. Glücklicherweise hat da ein alter Mann gerade sein Auto vor der Tür gewaschen und ich durfte seine Toilette benutzen. Das Inferno konnte man wahrscheinlich noch ein paar Häuser weiter hören.
Ich saß gleich mal fast ne Stunde auf dem Porzellan. Als ich dann rauskam meinte der Alte nur mit erhobenem Haupt: "Finger weg vom Apfelwein. Das weiß man doch, dass man den nicht Literweise saufen soll". Ich bedankte mich für seinen Rat und machte meine Tour weiter.

So zurück zum Ecstasy. Die ersten Wochen waren eine geile Zeit. Heike hatte mich ja häufig in erbärmlichen Zuständen bei meinen Entzügen gesehen. Sie kam trotz des Wissens was sie am Wochenende erwartet (entweder ich war auf Entzug, oder ein arrogantes Arschloch) zu mir. Nun, da das Thema H. erstmal vorbei war, hatten wir ne längere Pillezeit. Sex auf Pille ist einfach einmalig und macht süchtig. Das war so die Zeit, in der sich meine Sexsucht so richtig entwickelt hat. Nur wie es so mit schönen Zeiten ist, ging auch diese zu Ende. Die Mengen arteten aus und wie bei allen

Substanzen bin ich total aus dem Ruder gelaufen. 6-10 Pillen pro Tag waren in der Zeit normal. Es wurde zur Mission alle möglichen Sorten zu probieren. Schlimm waren die achteckigen Kronen. Die waren mit H. gesprenkelt und so beim runterkommen, wenn man sich eh komplett scheisse fühlte, kam noch für mich als Junkie, ein Entzug dazu.
Was mir damals allerdings wirklich viel gab, war die Musik. Ich liebte es total breit, einfach nur die Augen zu schließen und der Musik zuzuhören. In erster Linie hörte ich alten Rock, Metal-Balladen, Nirvana oder einfach nur etwas harmonisches. Da war ich auch komplett anders als viele in der Weststadt, denn die meisten waren eher so Rap und Hiphop, während ich im tiefsten inneren immer ein Rocker geblieben bin.
Die anderen tanzten auf Ecstasy, redeten oder machten sonst was. Ich genoss einfach nur weggeballert, die Ruhe im Kopf und das Gefühl, glücklich zu sein. Das funktionierte bekifft auch anfangs recht gut mit der Musik, aber wenn man dann mehrere Gramm pro Tag wegqualmt verliert sich das angenehme Gefühl irgendwann.

Mein Körper war so verseucht von der Chemie über Monate, dass mein Hirn anfing verrückt zu spielen. Ich sah Dinge, die nicht real waren.
Als ich bei Oma Rasen gemäht habe, stand ich mal unter Schock, als plötzlich vor meinen Augen ein Kuhschädel auftauchte. Die Kuh war lebendig und der Schädel schwebte wiederkäuernd vor mir herum.
Hat ein bisschen gedauert bis er verschwand. Danach bekam das Kuh-Level von Diablo 2 eine ganz neue

Bedeutung (lach). Brutal war einmal der Blick in den Spiegel, als meine Augen aus dem Kopf quollen und an Federn wie in einem Comic rotierten wie Windmühlenflügel.

Ab da wurde der Ecstasykonsum echt ekelhaft. Die schönen Glücksgefühle waren vorbei und es hat sich im ganzen Körper nur noch ekelig angefühlt. Heike hatte dann auch keinen Bock mehr auf Sex und es blieb nichts mehr, was Pille noch attraktiv gehalten hätte. Mein Körper erholte sich dann etwas und ich überschritt wieder die 50 kg Marke. 52 kg bei einer Körpergröße von 178 cm war dann so mein Normalgewicht. Die Tage verliefen in dem folgenden Zeitraum alle ziemlich gleich.
Ich wachte morgens auf, rauchte die erste Bong. Zog mich an, rauchte die zweite Bong und lief ins Postamt. Nach dem Sortieren ging ich raus auf die Straße Briefe austragen. Natürlich hatte ich den perfekten Weststadtbezirk. Auf der Straße erstmal nen Joint. Dann nach ein paar Straßen bei meiner Tante frühstücken. Dann eine Straße weiter war unsere Wohnung. Kurz rein eine Bong rauchen. 2 Straßen weiter bei Peter geschaut ob er wach ist und da noch ne Bong geraucht. Dann etwas weiter im Bezirk war eine Tankstelle, bei der André gearbeitet hat. Dort dann einen kurzen und ein Bier. Nach der Arbeit entweder zu Peter, zocken und Kiffen, oder nach Hause wo mein Cousin dann zu mir kam, um zu Kiffen.

Zwischendurch hatte manchmal mein Vater den Gedanken, uns das Leben schwer zu machen. Dann mussten wir in das Feld, am neuen Krankenhaus um zu Kiffen. Das war ganz in der Nähe von Sisters Kleingarten. Ich habe es gehasst wenn Vater zuhause war. Es war nur noch nervig, wenn er Vater spielen wollte und mir irgendetwas zu verbieten im Sinn hatte. Ich dachte mir nur "Alter, es ist zu spät. Du hast den Zeitpunkt verpasst, wo ich noch hätte aufhören können." Kiffen macht zwar körperlich nicht abhängig, aber psychisch ist das ganz schlimm. Man bekommt nichts mehr auf die Reihe und tut alles, um an Dampf zu kommen.

>*Generell in den 13 Jahren Drogenabhängigkeit habe ich eine Psychomacke gegen das Warten entwickelt. Gefühlt wartet man als Suchtie den ganzen Tag. Man wartet auf Geld, dann wartet man bis der Dealer Zeit hat, machmal nimmt der dann dein Geld um was zu holen. Auch dann wartet man wieder bis er zurückkommt und wenn man Pech hat wartet man vergebens, denn derjenige macht sich dann mit deinem Geld einen schönen Abend. Ich hasste es und noch mehr hasste ich, dass ich davon einfach nicht wegkommen konnte.*<

Dann kam Vater irgendwann und sagte mir, dass er nach Hemsbach umziehen werde, weil er dort eine Wohnung kauft. Es war eine 3 Zimmerwohnung. Er sagte, dass ich mitkommen könnte.
Ich schaute mir die Wohnung an und sein Schlafzimmer hatte so geschätze 24 qm während meine „Abstellkammer" gerade einmal so groß war, um ein Bett reinzustellen. Was aber der ausschlaggebende Grund war warum ich nicht mit wollte war, dass man am

Wohnzimmer vorbei musste, um in die Abstellkammer zu kommen. Das wäre die totale Überwachung geworden. Ich hatte daraufhin 3 Monate Zeit eine eigene Bleibe zu finden, was mir auch gelungen ist. Meinem Vater half ich beim Umzug keinen Millimeter. Ich war echt angepisst darüber, dass er aus unserer schönen Wohnung raus wollte, wo für mich alles so zentral erreichbar war.
Als es dann darum ging, dass ich in meine Wohnung ziehen musste, half er mir trotzdem. Cool meine erste eigene Bude im vierten Stock. Sie war in einem sozial Wohnblock, der von der Stadt verwaltet wurde. Die Wohnungen bekam man nur, wenn man ein armer Schlucker war. Man kann sich schon denken, dass das mitten im Problembezirk war.

Da Heike zu der Zeit gerade mit ihrem Abi fertig war ging ich natürlich davon aus, dass sie zu mir kommt, aber das war ein Trugschluss. Sie trennte sich von mir. (Ich kann sie total verstehen und es war für sie das beste, was sie tun konnte). Ich war ein psychisches Wrack. Entweder auf Entzug (Ja wenn man 8 Gramm Shit/Gras am Tag raucht und nichts hat, durchlebt man, wie bereits gesagt auch einen heftigen psychischen Entzug. Man krabbelt auf allen vieren durch die Wohnung und sucht nach Partikeln, die mal runtergefallen sind, oder man kratzt den Teersud aus der Pfeife, um ihn zu rauchen), oder ich war breit, oder besoffen, oder beides. Zu ihrem Glück hat sie den Absprung geschafft. Für mich war das ein heftiger Schlag.

Der nächste Hammer kam dann, dass die Post meinen Vertrag nicht verlängern wollte. Es wäre der dritte

Zeitvertrag gewesen und den wollten sie mir nicht geben. Dann kam noch genau die Umstellung auf den Euro dazu. Mir wurde angeboten, einen Monat auf Arbeitslos zu machen, um dann wieder mit dem ersten Zeitvertrag anzufangen. Das hätte aber auch bedeutet, dass ich umgerechnet 100 Mark weniger verdienen würde. Ich bot an einzuwilligen, falls ich meinen Weststadtbezirk behalten darf und mir das vertraglich zugesichert wird. Darauf wollten sie nicht eingehen, also ging ich das erste Mal zum Arbeitsamt, da ich ja mittlerweile alleine lebte und eine Wohnung bezahlen musste.
Es dauerte nicht lange, bis ich meine zweite große Liebe kennengelernt habe. Sie hieß Janet und war ein paar Jahre jünger als ich. Mit ihren Eltern lief es auch nicht so gut, also schafften wir es die Einverständnis vom Jugendamt einzuholen, dass sie schon bevor sie 16 wurde bei mir einziehen durfte. Kurz nachdem wir zusammen kamen, holte ich mir einen schwarzen Kater. Ich taufte ihm Max (von Mad Max).
Die Tage verliefen zu Beginn relativ gleich ab. Kiffen von morgens bis abends und fic... von morgens bis abends. Dazwischen hatten wir die Bude mit Weststädtlern voll, die zum Kiffen gekommen waren und da ich mittlerweile auch Rauchwerk verkauft habe, um meinen Eigenbedarf zu decken, war mein Domizil einer der bestbesuchtesten Hotspots in der Westside.

Ich erinnere mich noch an den absoluten Horrorsommer 2002. Draußen 40 Grad und ich in einer Sozial-Dachwohnung ohne Isolierung, mit Balkon zur Südseite. Den ganzen Tag brannte die Sonne auf die Bude und wir hatten dort oben weit über 50 Grad. Der einzige Ventilator im Haushalt war auf mich gerichtet, um mir (nur bedeckt mit einem nassen Handtuch) wenigstens etwas Kühlung zu verschaffen, während so 6-10 Mann im Zimmer verteilt die Bude vollqualmten und nach und nach fast gestorben sind vor Hitze. Mein Kater Max lag bei mir auf meinem nassen Handtuch vorm Ventilator.

Kapitel 3: Gerhard

Gerhardt war der Onkel von Markus und ist einer der ganz besonderen Menschen in meinem Leben, auch wenn er nur eine relativ kurze Zeit mein Leben begleitet hat. Er war so um die 55 Jahre alt und ein sehr kräftiger Mann. Ganz Weinheim kannte ihn mit seinem riesigen Hund Ben. So ein Doggemix, der wenn man saß auf Augenhöhe zu einem stand. Gerhardt war schwer Herzkrank. Seine Pumpe arbeitete nur noch mit 37 % Leistung (Ja mein Hirn vergisst besondere Menschen und Gespräche nicht. Niemals! Kann manchmal echt die Pest sein nichts vergessen zu können, daher erinnere ich mich noch ganz genau wie es um sein Herz stand). Er war eine Frohnatur und ein hochintelligenter Mensch in meinen Augen. Ich sah ihn auf einem Niveau mit mir. Wir redeten viel über Geschichte (von Rom bis Mauerfall), über Drogenhistorie und Leute aus der Weststadt.
Sein Hobby war auf Gerichtsverhandlungen zu gehen und zu schauen wer in seiner Weststadt alles Scheisse

baut und wer gegen wen aussagt. Er hat mich vor vielen Menschen gewarnt und meinen Horizont erweitert.
Als ich noch bei meinem Vater gewohnt habe, hat er mir auch sein Gästezimmer zur Verfügung gestellt, um mich mit nem Mädel zu vergnügen. Markus wohnte ursprünglich bei ihm, aber der war ja im Knast zu der Zeit. Trotz seiner Herzkrankheit hat er gequalmt wie ein Schlot. So um die 3 Schachteln am Tag. Er hatte kaum Kohle als Frührentner, trotzdem hatte er immer ein paar Zigaretten, was zu Essen und ein Ohr für meine Probleme.
Einmal, als ich auf H-Entzug bei ihm im Gästezimmer lag, ist er los und hat mir 2 Leponex organisiert. Die Dinger sind der Killer. Brutalste Psychopharmaka. Die hauen einen Büffel auf Koks um. Ich hab mir die 2 Teile eingeworfen und fast den gesamten Entzug bei ihm verpennt. Glaube so um die 48 Stunden habe ich geschlafen. Gerhardt hat mich nur zwischendurch geweckt, um mir was zu trinken zu geben.

Ein weiteres Mal war ich bei ihm. Da ging es ihm grottenschlecht. Er war auch pleite und hatte keine Kohle mehr zum Einkaufen. Bei mir ging wieder ein Entzug los. Ich war verzweifelt und hatte tierische Angst vor dem, was mich die nächsten 4 Tage (Die Entzüge werden von mal zu mal länger und zermürbender) erwarten würde. Er raffte sich auf und schleppte sich zur Bank, um seinen Dispokredit zu erhöhen. Er bekam 100 Mark vom Bänker, die er mir komplett gab, dass ich mir Stoff holen kann, mit der Bitte, dass ich es ihm, sobald mein Geld vom Arbeitsamt kommt, zurückgebe, dass er damit dann einkaufen gehen kann. Gott mir laufen

gerade die Tränen wo ich diese Zeilen schreibe….. Wer zur Hölle macht so etwas selbstloses für einen Junkie???
Er war wie gesagt auch sehr belesen und ich glaube, dass er die Zeit mit mir und unsere Gespräche sehr geschätzt hat. Wir haben mal eine Flasche Cognac zusammen gebechert und besoffen wollte er dann wissen, wie sich das mit Kiffen verhält. In der Theorie wusste er ja alles und er wusste, wer in der Weststadt mit was und wem gedealt hatte, aber gekifft hat er noch nie. Ich hatte etwas dabei, also haben wir 2-3 Joints geraucht und Dokumentationen über die Soldaten in Vietnam geschaut und wie sie ihre Gewehrläufe zu ner Wasserpfeiffe umgebaut haben. Generell ging es darum, warum so viele Veteranen Drogensüchtig wurden nach dem Krieg. Echt krasse Einblicke, was die Männer alles gesehen und
ertragen mussten. Das erinnerte mich stark an mein größtes Idol Sylvester Stallone und Rambo. Es war ein mega geiler und unvergesslicher Abend!
Irgendwann sagte Gerhardt dann so halb in seinem Sessel versunken zu mir. "***Scheisser (so nannte er mich liebevoll). Bekomme dein Leben in den Griff. Dann wirst du mit deinem schlauen Kopf mal ein ganz Großer***."

Außer meiner Oma, die ähnliches ab und zu erwähnte, gab es keinen, der mir meine Spinnereien und größenwahnsinnigen Träume tatsächlich zugetraut hat. Es ging steil bergab mit Gerhardt, nachdem sein Hund gestorben ist. Er musste ja nicht mehr raus und hat etliche Kilo zugenommen.

Gerhardt rief mich eines Tages an und sagte, ob ich mal bei ihm vorbeikommen könne, denn er muss mit mir reden. Da ich aber viel zu beschäftigt mit mir selbst war kam ich seiner Bitte nicht nach.
Irgendwann kam Markus (er war wieder aus dem Knast raus) zu mir in die Wohnung und fragte mich, ob ich ihm Geld für einen Sarg leihen kann. Ich fragte ihn, ob seine Katze gestorben sei. Er meinte dann nur "nein Gerhardt liegt gerade Tod in der Badewanne". Das war ein Schock! Das war das härteste, was ich bis dato je gefühlt habe. Ich konnte es nicht begreifen, dass dieser tolle und ehrenhafte Mensch gestorben ist. Ich habe Gott und mich verflucht und es hat mir das Herz zerrissen. Ich konnte mir nicht verzeihen, dass ich seiner Bitte vorbeizukommen nicht gefolgt bin.
Ich wusste ja, dass es ihm scheisse ging, war aber so mit mit meinen Geschäften beschäftigt, (das ganze Spiel der Beschaffungskriminalität ist sehr zeit- und nervenaufwendig) und der anderen krassen Nachricht mit Janet, von der ich im nächsten Kapitel erzähle, dass ich den Menschen, der sein letztes Hemd für mich gegeben hat, im Stich gelassen habe. Ich konnte es nicht mehr gut machen. Er war Weg und mit dieser Schuld lebte ich bis vor ein paar Monaten.
Dir als Leser rate ich dringend! Wenn dich jemand, dem es schlecht geht und der alles für dich tun würde, um Aufmerksamkeit bittet, schenke sie ihm oder ihr!!! Ihr zerbrecht sonst an euren Schuldgefühlen, so wie ich jahrelang.
Es gibt einen Titel der Metal-Band Iced Earth. Er heißt "Watching over me". Das ist mein Gerhardt-Song und jedes Mal wenn ich ihn höre, läuft mindestens eine

Träne und dann gedenke ich kurz diesem wundervollen Menschen, der sein letztes Hemd für mich gegeben hat und bis heute über mich wacht, obwohl wir nicht verwandt waren.

Kapitel 4: Der Rückfall

Nach Gerhardts Tod war ich wirklich am Ende. Janet hat ihr bestes gegeben, mich zu trösten, aber ich ballerte mir nur noch das Hirn weg. Kurz vor seinem Ableben erfuhren wir gerade erst die Nachricht, dass Janet schwanger ist und dass wir
Eltern werden. Da dürfte ich so um die 22 gewesen sein. Natürlich waren wir alles andere als bereit und haben weiterkonsumiert wie die Blöden.
Wir freuten uns aber auf das Kind und waren überzeugt, dass es das Richtige für uns sei und es war irgendwie ein logischer Zusammenhang, dass ein Mensch stirbt und ein neues Leben entsteht. Ich hatte mich dadurch auch soweit ich mich erinnere, wieder ein wenig gefangen bzw. ich funktionierte halt und paar Wochen nach Gerhardts Tod war Janet dann in der zwölften Woche. Sie bekam starke Schmerzen und musste ins Krankenhaus. Irgendwann kam die Ärztin raus und sagte mir, dass keine Herztöne vom Baby mehr vorhanden sind. Es ist gestorben und es musste sozusagen rausgeholt werden. Das hat mir endgültig den Rest gegeben.

Nebenbei wurde ich auch in dem Zeitraum zu einem Wochenende Jugendarrest und 1 Jahr monatliche

Drogentests, wegen 100 Gramm Hash verurteilt. Zum Glück kannte ich den einen, der beiden Kommissare. Es war der Vater eines Kumpels, mit dem ich DSA gespielt hatte. Sie haben nicht richtig gesucht und nur ca. 10 Gramm gefunden. Den Durchsuchungsbefehl hatten sie, weil einer gegen mich ausgesagt hatte. So kamen zum Glück nur mit der Aussage insgesamt nur 100 Gramm zusammen und die großen Vorräte unterm Dach versteckt, blieben im Verborgenen.
Die Drogentests waren leicht zu faken. Ich habe die bei meinem Hausarzt gemacht, denn er ist nicht mit auf die Toilette. Also konnte ich den Urin von meinem besten Kumpel nehmen, da meine ja mit allem möglichen verseucht war. Nur einmal war das Drama groß. Das war auch relativ kurz nach Gerhardts Tod.

Mein bester Kumpel pinkelte ganz normal wie immer in eine Flasche für mich und alles war wie gehabt. Dann der Schock, das Ergebnis war positiv auf Kokain und Opiate. Ich habe mich schon wieder im Knast gesehen, denn das war ja sozusagen die Bewährungsauflage. Erstmal habe ich André angerufen und gefragt wie das passieren konnte. Nun ja, er bekam beim Zahnarzt, bei dem er einen Tag vorher war, Lidocain zur Betäubung und Dolomo für die Schmerzen.
Glanzleistung, mir das nicht zu erzählen! Irgendwie musste ich die Story dann dem Richter verkaufen und er akzeptierte tatsächlich meine Ausführungen, ohne ein Attest vom Zahnarzt zu verlangen. Zum Glück kann ich

gut reden, aber eine riesen Portion Glück gehörte da auch dazu, würde ich mal sagen.

Abends habe ich in einem Restaurant als Geschirrspüler gearbeitet. Der Kochlehrling war auch schon im Knast und ein Ex-Junkie. Er wurde aber rückfällig und wenn ein Ex-Junkie einen sieht, der drauf ist (erkennt man sofort an den leuchtenden Augen und den Stecknadelpupillen) kommt sofort die Gier und nach den Ereignissen der letzten Wochen zog ich auch wieder Heroin.

Speed war zu der Zeit auch ein riesiges Problem. Ich zog Mengen weg, die fernab von gut und böse waren, um nicht an mein Versagen bei Gerhardt als Freund erinnert zu werden. 5-10 Gramm Speed am Tag plus 1-2 Gramm H und noch mehrere Gramm Shit waren normal. (Tagesbedarf um die 300 Euro). So kam es dann auch, dass ich auf H. und Speed unten in meiner Spülküche plötzlich tierische Schmerzen rechts im Bauch bekam. So weggeballert fühlt man eigentlich nichts mehr, aber das war heftig. Ich habe mich auf dem Weg ins Krankenhaus gemacht. Mein Vater hat mich unterwegs eingesammelt, weil ich keinen Schritt mehr gehen konnte. Als ich in den Bauch gedrückt habe, hat es sich angehört, als wenn ein Frosch quakt.
Im Krankenhaus dann, nachdem mich ein Arzt gesehen hat, sofort in den OP. Mein Blinddarm war durch. Der Anästhesist sagte dann, ich soll von 10 auf null runter zähen. Ok 10, 9, 8, 7, 6, 5, 4....seine Augen wurden immer größer. Bei null. Ich merkte nichts von der Narkose, glaube ich. Kann mich allerdings an ein paar Details nicht mehr erinnern. Ich weiß aber noch, dass er mich dann fragte, was ich alles genommen habe, was ich dann auch ehrlich beantwortete. Normal hätte er mir nichts mehr geben dürfen, aber unter den Umständen musste er mich aber in Narkose legen, denn der Blinddarm war ja durch. Er hat dann überlegt und sagte nur “Ok. Dann machen wir was anderes.” Mehr weiß ich dann auch nicht mehr. Irgendwie hat er mich dann doch zum schlafen bekommen.

Als ich im Aufwachraum dann meine Augen öffnete, schaute ich mir total fasziniert die Tapeten an. Da

bewegte sich alles. (Mir hat die Schwester am Folgetag erzählt, dass ich laut gerufen habe, wie geil doch die Tapeten sind). Nach ein paar Stunden wurde ich unruhig und wollte eine rauchen. Die Schwester hielt mich hin und wollte mich einfach nicht vom Tropf abmachen. Na gut, nach einigen Versuchen, wo sie mich jedesmal vertröstete, hängte ich selbst die Pulle vom Ständer ab und habe mich am Geländer im Flur Richtung Ausgang geschleppt.
Auf einmal schreit es von hinten. “Herr Saw sind sie wahnsinnig, schauen sie sich mal die Infusion an. Die Pulle war komplett voll mit Blut, da ich sie nicht hoch genug gehalten habe. Die Schwester schleppte mich dann wieder zurück ins Bett.
Ich bestand aber darauf losgemacht zu werden und dem Wunsch leistete sie dann diesmal Folge, da ich eh nicht aufzuhalten gewesen wäre. Also wieder am
Flur entlang bis zum Ausgang und eine geraucht. Die Idee war jetzt nicht die allerbeste, denn ich hatte echt mit dem Kreislauf zu kämpfen. In der Zwischenzeit hat Janet Heroin und organisiert und mir noch zusätzlich ein paar Gramm Shit ins Krankenhaus gebracht. Die 2 Tage waren schön entspannt im Garten vom Krankenhaus.
Am dritten Tag morgens fand die Visite faszinierend, wie gut ich mich schon bewegen kann und wie wenig Schmerzen ich hatte (logisch bei dem Cocktail).
Also habe ich mich selbst entlassen und ging nach Hause. Die Idee war auch nicht gerade ein Glanzstück, denn der Griff am Krankenhausbett wurde zuhause schmerzlich vermisst und da Kater Max gerne auf meinem Bauch lag musste ich schon die Zähne zusammenbeißen, aber da Schmerzen ja sozusagen

Tagesgeschäft durch die vielen Entzüge waren, schaffte ich auch die nächsten Tage mit der OP-Wunde klarzukommen.
Mein Leben bestand aber eigentlich nur noch daraus, mich systematisch zu zerstören. Ich wollte einfach keine Gefühle mehr ertragen und mein schlechtes Gewissen irgendwie ausschalten.

Kapitel 5: Dr.Michel

Ich weiß nicht warum und was es damals war, aber ein Teil von mir wollte leben, also ging ich am 16.10.2003 zu meinem Hausarzt und erzählte, dass ich wohl bald dem ganzen ein Ende setze, da ich einfach nicht mehr kann. Er besorgte mir dann einen Suchtspezialisten in Ladenburg (Dr.Michel.), der sich meiner annahm. Die Einstellungsphase auf Subutex war schwierig. Denn Subutex ist ein Opioid und ersetzt das Heroin an den Rezeptoren. Dr. Michel gab mir aber eine viel zu kleine Dosis.
Er hat mir zu Beginn nicht abgekauft, was für riesige Mengen ich mir reingeballert habe. Also war ich erstmal wieder ein paar Tage auf Dauerentzug, bis er es mir irgendwann glaubte und mich auf 16 mg einstellte. Mein Vater hat mich mal zur Einnahme hingefahren und Dr. Michel gefragt, was denn passieren würde, wenn er die 2 Tabletten nehmen würde. Michel antwortete nur: "Das würden sie wahrscheinlich nicht überleben".

Ich erholte mich langsam körperlich, da ich ja nur noch gekifft habe und auch den Speedkonsum reduzieren konnte. Trotz allem war es ein scheiß Leben und mein psychischer Zustand war desolat. Im Nacken hatte ich auch immer meinen Dealer, der mir große Mengen Hash auf Kommission zum verkaufen gab, ich aber viel mehr verbraucht, als eingenommen habe. Ich lief dauernd Geld hinterher, bequatschte meine Oma nach

Geld und füllte die Lücken mit Hartz 4, der Miete und was noch alles an Kapital zur Verfügung stand. Eins muss ich mir aber zugute halten. Ich habe niemals jemanden ausgeraubt, bin nirgends eingebrochen, habe niemanden betrogen oder andere hochkriminelle Dinger gedreht. Wenn das Geld nicht legal zu beschaffen war, (abgesehen vom Hashverkauf), hatte ich den nächsten Entzug, einer schweren Straftat vorgezogen.
Dr Michel schickte mich zum Psychiater, der etliche psychische Störungen diagnostiziert hat und mich auf verschiedene Beruhigungsmittel, Antidepressiva und Lithium eingestellt hat. An Lithium fand ich geil, dass eines meiner Vorbilder Kurt Cobain von Nirvana dem Zeug sogar einen eigenen Song widmete und da ich und Kurt ja die gleiche Sucht hatten, machte uns das irgendwie zu vertrauten, obwohl er längst Tod war.

Ich glaube zu der Zeit habe ich auch wieder meine Bass-Gitarre, den ich von meinem Vater zum 18ten Geburtstag bekam, in die Hand genommen und geübt. Neben Nirvana hat sich Guns´n Roses zu der Band entwickelt, deren Songs ich bis zum abkotzen geübt und nachgespielt habe. Es kam so der Gedanke auf, dass ich ja eh schon wie ein Rockstar lebe und jetzt auch einfach Rockstar werden sollte. Mit meinem guten Taktgefühl, war ich eine Zeit lang echt nicht schlecht. Leider hat es nie gereicht, um aufzutreten, denn entweder hatten wir keinen Sänger, oder keinen Drummer, oder garnichts, ausser dem Traum, ein mal auf der Bühne zu stehen und zu performen.
Janet und ich beschlossen umzuziehen, um aus der Nähe vom H. wegzukommen. Es ging uns auch auf den

Puffer, dass es jeden Tag mehrmals geklingelt hat, weil irgendjemand was kaufen wollte. Es wurde mir einfach zu riskant mit den Mengen, denn es ging nicht auffälliger, als wenn in einem problematischen Stadtteil bekannte Konsumenten bei mir ein und aus gingen. Naja, die 12 km, die wir dann weggezogen sind, waren nicht wirklich hilfreich, aber der Durchgangsverkehr nahm deutlich ab.

Kapitel 6: Die erste Überdosis

Wir zogen nach Schriesheim. Im Leben trifft man immer Leute, die einem ähnlich sind. Junkies lernen Junkies kennen und so kam es, das wir innerhalb kürzester Zeit auch dort mit Konsumenten befreundet waren, plus die alte Kundschaft, zu denen der Kontakt nie wirklich abgerissen ist. Es wurde also nicht besser. Wir haben zwar kein Heroin mehr konsumiert, aber ich war ja auf Subutex, ein paar Psychopharmaka, Dauerkiffer, Speedjunkie und dann kam Kokain dazu.
Mein Dealer, der mich mit großen Mengen Hasch versorgte, fing auch mit Koks an. Auch dafür war das Interesse in unserem neuen und alten Freundeskreis groß. Viele Mit-Patienten bei Dr. Michel waren Polytoxikomanen (Das sind Menschen, die von vielen verschiedenen Substanzen gleichzeitig anhängig sind). Also verteilte sich das Koks fast von alleine beim Doc und meiner Haschisch Stammkundschaft.

Während einer Substitutionsbehandlung muss man eigentlich Beikonsumfrei sein, denn der jeweilige Arzt geht mit einem auf Toilette und kontrolliert die Urinabgabe. Man lernt aber recht schnell von anderen, wie man da betrügen kann. Eine genaue Bedienungsanleitung werde ich aber hier nicht preisgeben, denn es ist lebensgefährlich zu Methadon/ Subutex, Alkohol und andere Substanzen zusätzlich zu konsumieren. Es kam wie es kommen musste und mein Eigenbedarf sprengte alle Dimensionen. Bei mir hat das Zeug allerdings anders gewirkt als bei anderen, wie auch schon bei Speed und MDMA. Wenn ich drauf war, hatte ich endlich mal Ruhe in meinem Hirn und konnte klar denken. Ich konnte mich zurücklehnen und einfach nur die Stille genießen. Ich dachte immer, dieses Chaos im Hirn sei normal, daher habe ich es nicht als ungewöhnlich wahrgenommen. Dass ich allerdings auf Speed, MDMA oder mehreren Gramm Koks auch irgendwann einschlafen konnte, war schon seltsam. Erst Stundenlang gevögelt und dann, nach ein bisschen chillen, konnte ich herrlich schlafen.

Ich war ein paar Wochen gut dabei. Ich erinnere mich noch, dass ich tagelang Nasenbluten hatte. Scheiß drauf, Taschentuch reingestopft und trotzdem weitergezogen. Bei meinem letzten MRT vom Kopf 2025 steht wortwörtlich: Durchzug in den Nasennebenhöhlen. Hat mir wohl die Nasenwände zerfressen damals. Da fällt mir gerade mein letzter Zahnarzttermin im Jahr 2000 ein. Ein Zahn musste raus. Ich hasse Zahnärzte. Er gab mir die Betäubung und verließ den Raum. Habe mir dann die 3 Pullen Lidocain, die rumlagen gekrallt und bin

abgehauen. Zuhause habe ich mir daraufhin das Lidocain selbst verabreicht und mit einem Schraubenzieher und einer Zange den Zahn selbst entfernt.
Das war mir sicherer, als so einen Metzger an meine Kauleiste zu lassen. Fragmente davon habe ich heute noch im rechten Oberkiefer.
Zu dieser Zeit habe ich auch einen 1-Euro Job im Altersheim gemacht. Irgendwie tat mir die Gesellschaft der alten Leute gut, wenn ich mal nicht krank gemeldet war. Habe schon immer Menschen gerne geholfen, falls ich mal nicht mit meinem eigenen Leben zu beschäftigt war.
In einer Nacht ist es dann “leicht” ausgeartet. Ich habe gerade an dem Tag 50 Gramm reinstes Koks mit über 80% Reinheitsgrad bekommen.

Janet und ich machten dann zu zweit eine Monsterorgie. Ich glaube, so nach 24 Stunden etwa (wir waren immer noch am Vögeln) habe ich mich hingesetzt, weil irgendwas seltsam war. Das nächste an das ich mich erinnere ist, dass 3 weiße Kittel um mein Bett herum standen und einer gerade eine Spritze aufzog.
Ich fragte, was die hier wollen und schaute Janet fragend an, die zitternd in der Ecke stand. “Sie haben eine Überdosis, (sie zeigten auf den Berg Koks auf meinem Nachttisch) wir bringen Sie jetzt ins Krankenhaus”. Ich antwortete: "Ganz bestimmt nicht! Mir geht es gut, ihr könnt euch verziehen”). “Nein Herr Ni…. Sie müssen mitkommen.” “Ich muss gar nichts, ich kenne meine Rechte, ihr könnt gehen”. Habe dann unterschrieben und sie sind gegangen.

Dann fragte ich Janet, was da los war.
Auf einmal kippte sie um und wurde ohnmächtig. Habe sie dann so lange geohrfeigt, bis sie wieder zu sich kam. Sie erzählte mir, dass ich erst gekrampft habe, nur noch am Zittern war und dann irgendwann aufhörte zu atmen. Sie rief den Rettungswagen während ich regungslos auf dem Boden lang, bis die Sanitäter da waren. Logisch, dass Janet das total überfordert hat.
Danach habe ich erstmal den Koksberg eingepackt und im Garten versteckt, falls die Sanitäter die Bullen schicken. Haben sie aber nicht. Am nächsten Tag habe ich dann gewogen, wie viel noch übrig ist und wir haben genau 20 Gramm in 24 Stunden weggeballert. Ich schätze mal so 14 g werde ich drin gehabt haben, denn Janet vertrug bei weitem nicht so viel wie ich. Das war dann für lange Zeit das letzte Mal, wo ich gekokst habe.

Wir flogen dann auch aus der Wohnung in Schriesheim, weil ich die Miete nicht bezahlt habe. Einen Tag bevor wir ausziehen mussten, kam ich von Dr. Michel nach Hause und die halbe Bude war leer. Es sah aus wie auf einem Schlachtfeld. Janet war nicht erreichbar. Sie hatte sich mit der Hälfte der Wohnungseinrichtung aus dem Staub gemacht. Meine Oma hat mich und meinen Kater bei sich aufgenommen. Ich war total am Boden zerstört. Hatte Janet geliebt und wir waren ja so um die 4 Jahre zusammen. Das ganze war natürlich auch "sehr förderlich" für meine Verlustängste.
Dann der schwere Anruf bei meinem Vater, dass ich mal wieder gescheitert und sozusagen obdachlos bin. Er hatte aber keinen Platz für mich, da seine spätere Frau

mit ihrem Sohn bei ihm eingezogen war. Es war hart, dass ich nicht willkommen war, aber jetzt sage ich, dass ich es nachvollziehen kann und ihm alles was war verziehen habe. Sie hatten einfach keine Hoffnung mehr und mich aufgegeben. Sister sagte mal zu mir, dass Sie und viele andere nur noch auf den Anruf gewartet haben, dass ich Tod bin.

OK, also alles auf Anfang bei Oma. Ich war dann sogar echt clean verhältnismäßig. Nur noch mein Subutex, ein bisschen Kiff und das wars. Oma gab ihr bestes, mir in der Zeit zu helfen und hat mir eine Wohnung ganz in ihrer Nähe besorgt. Generell ist Oma eine der 3 Menschen, die immer an mich geglaubt haben. Sie hat ihr letztes Hemd für mich gegeben. Leider habe ich ihr die letzten Jahre nur noch Kummer bereitet und sehr viel Geld von ihr genommen. Auch das konnte ich mir bis vor ein paar Monaten nicht verzeihen, dass ich ihr nie zeigen konnte, dass sie recht hatte mit ihrem Glauben an mich. Ich hoffe, dass sie und Gerhardt von irgendwo zuschauen und sehen, dass aus mir doch noch was geworden ist und sie recht hatten.

Irgendwann kam sie zu mir ins Zimmer und meinte: “Mensch John, du bist doch so ein schlauer Bub und dein Opa hat große Stücke auf dich gehalten. In Heppenheim gibt es eine Abendschule, wo du deinen Realschulabschluss machen kannst. Ich habe dort angerufen und du kannst im Februar 2005 anfangen. Ich bezahle dir die Fahrkarte und du kommst zum Essen zu mir.”

Ich dachte mir OK. Nach den letzten Jahren des Wahnsinns, war mir so "verhältnismäßig nüchtern" echt langweilig. Also ging ich abends in die Schule. Ich hatte das Ritual vor der Schule und in jeder Pause jeweils ein Bier zu trinken, aber dafür nichts zu Kiffen. Das hat auch größtenteils funktioniert. Vom Kiffen bekam ich auch in der Zeit nur noch Horrortrips und Verfolgungswahn. Ich habe für viele Jahre eine Psychose von dem Zeug gehabt. Also ließ ich das sein und trank nur noch. Hinzu kam allerdings eine neue Sucht. Glücksspielautomaten.

Kapitel 7: 2005-2008

Ja das Zocken wurde wirklich zum Problem. Ich bin mir sicher, der ein oder andere Leser wird mir zustimmen, dass diese Drecks-Kisten eine Kamera haben und vernetzt sind. Jeder Spielsüchtige, den ich kenne, sagt das gleiche. Beim ersten mal an so einem Automat (abgesehen von der Zeit als Kind in der Kneipe, wo ich spielen durfte) gewinnt man gleich eine große Summe. Ich hatte die volle Serie mit 400 Euro Gewinn. Also lief mein Tagesablauf so ab, dass ich Tagsüber zuhause an der Playstation gezockt habe, dann noch ein bisschen Bass gespielt, Schule und nach der Schule ins SixPack an die Automaten.
Der Wirt von dem ich schon erzählt habe, war auch Zocker. Wir teilten also unser Hobby sozusagen und litten miteinander. Das wir Spielsüchtig waren wollten wir uns zu der Zeit aber nicht wirklich eingestehen.

Irgendwann habe ich dann von meinem Dealer (ab und zu habe ich noch kleine Geschäfte gemacht, um die Zockerei zu finanzieren) fast 1000 Pillen im Wert von 4000 Euro bekommen.
Relativ synchron habe ich Sabrina im Zug kennengelernt. Sie war ein Gothicgirl und hat auch gerne mal ne Pille genommen. Leider hatte ich keinen Abnehmer für die Pillen und so nach und nach haben wir die 1000 selbst gefressen. In einer Nacht hatte ich mal 23 Stück drin. Weiß nicht wie viele Menschen das überleben, aber mein Körper ist ja sowieso anders.

Wacken 2006

>Es wäre mal interessant und eine Frage an die Medizin, wie es möglich ist, so Mengen wie ich sie über Jahre zu mir nahm, ohne Organschäden zu überstehen.

Allein die Mischung von Subutex mit den Pillen, oder die Überdosis vom Koks mit zusätzlich 16 mg Subutex, wo ich nach ein paar Stunden wieder vollkommen nüchtern war.<

Es kam noch ein drittes Mal dazu, wo ich eigentlich hätte drauf gehen müssen, worüber ich im nächsten Kapitel erzähle. Da ich die 4000 Euro niemals hätte aufbringen können, wartete ich nur auf den Tag, dass mein Dealer mich mit ein paar Knochenbrechern besucht. Er meldete sich Wochenlang nicht. Mir ging da echt der Arsch auf Grundeis, denn mit dem Typen war nicht zu spaßen und er war auch eng mit einer weltweit bekannten Motorradgruppe verbunden. Ich hatte wochenlang Verfolgungswahn und Panikattacken, sobald ein Auto vor der Tür geparkt wurde. Doch sein Anruf kam nie!

Nach ein paar Wochen habe ich dann erfahren, dass er erschossen wurde und Tod ist. Mehr erzähle ich nicht über ihn und den Ablauf, wie er ermordet wurde seinen Eltern zuliebe (Ganz tolle Menschen, die nichts von den zwei Gesichtern ihres Sohnes wussten), aber allein das könnte die Story eines guten Kriminalfilms sein.

Ich blieb also verschont… Mal wieder… Ab da verlief mein Leben tatsächlich relativ drogenfrei. Ich trank meine paar Bier am Tag, ging abends in die Schule und danach in die Kneipe zum zocken. 2007 habe ich meinen Realschulabschluss mit 1,5 gemacht. (Das hatte mir keiner zugetraut, vor allem, da ich ja jeden Tag gesoffen habe. Später sollte es sich erklären, warum ich mit Alkohol im Kopf so gut in der Schule war). Also

überredete mich mein Rektor Herr Schmidt, auf der Schule zu bleiben und mein Abitur zu machen. Bzw. auf der Abschlussfeier redete er so zu mir, als ob es selbstverständlich ist, dass ich weitermache. „Na gut, dann mache ich eben mit Abendgymnasium weiter, dachte ich mir“. Hatte ja sonst eh nichts zu tun und meine Depressionen beschränkten sich auf so 1-2 schlimmere Tage pro Woche.
Irgendwann, nachdem ich mich mit ein paar anderen Mädels vergnügt hatte und das mit Sabrina zu Ende war, meldete sich auf einmal Janet wieder.
Sie sagte, dass es ihr Leid tut und dass sie wieder zu mir zurück möchte.
Wir kamen dann auch wieder zusammen. Wir feierten mal Geburtstag bei meinem Vater und in dieser Nacht ist es passiert. Janet wurde wieder schwanger. Wir heirateten und Anfang 2008 kam unser Sohn auf die Welt.

Kapitel 8: 2008-2010

Die ersten Monate verliefen noch halbwegs harmonisch, aber die Beziehung zwischen Janet und mir war am Ende. Das war das siebte Jahr unserer Beziehung (die Ruhephase mit eingerechnet). Mittlerweile war mein bester Freund André auch auf dem Abendgymnasium und wir gingen zusammen in eine Klasse.

Irgendwann kam eine Neue ins Klassenzimmer. Wir führten Blickkontakt und ich sagte sofort zu Andre: “Fuck die ist gefährlich für meine Ehe”. Andre belächelte das nur, aber meine engsten Vertrauten von heute wissen, dass ich manche Dinge einfach so daher sage und sie dann wirklich passieren.

Keine Ahnung, ich kann diese Fähigkeit nicht kontrollieren oder gezielt anwenden, aber ich habe schon unmögliche Dinge vorhergesagt. Martin (einer meiner 2 besten Freunde von heute und Jayde wissen genau, von was ich rede ;).
Naja, es kam wie es kommen sollte. Janet und ich trennten uns einvernehmlich, worauf sie dann mit unserem Junior auszog. 2 Wochen später kam ich mit Lara zusammen. Verantwortlich für die Trennung mit

Janet war glaube ich keiner alleine. Es hat einfach nicht mehr funktioniert. Ich bekam dann auch wieder Probleme mit Heroin und habe dann nach 7 Jahren den Arzt gewechselt. Dr. Michel hatte mich unehrenhaft entlassen.
Ich suchte mir einen neuen Arzt und bin auf Methadon umgestiegen. Der Plan war, innerhalb von 80 Wochen jede Woche um 0,1 ml zu verringern, so dass ich dann von Methadon entgiftet bin. Bis auf wenige Ausrutscher klappte das sogar bis kurz vorm Ziel.
Es folgte eine Zeit, wo ich immer montags nach dem Arztbesuch mir H. holte, da mein neuer Arzt immer montags die Urinprobe gemacht hat. Also konnte ich mir danach die Birne wegballern und war dann am Folgemontag wieder "Clean".

(Ja, ich weiß, das beißt sich mit meinem Plan runterdosiert zu werden). Das Spiel ging aber monatelang so recht gut. Kurz nach Wacken 2010, was auch eine Story für sich war, hatte ich dann aber einen schlimmen Rückfall, mit der dritten Überdosis, als Konsequenz.

Ich hatte mein gesamtes Methadon für eine ganze Woche schon am ersten Tag verbraucht. Als der Entzug losging, (der mit Abstand der schlimmste in meinem Leben war) nahm ich alle Kraft zusammen und wollte ihn (mal wieder) durchzuhalten, ohne mir H. zu holen. Nachdem ich aber dann 4 Tage nonstop wach und die Schmerzen in den Beinen so heftig waren, dass ich schon Visionen hatte, wie ich sie mir mit einer Axt abhacke, wollte ich endlich einschlafen. Ich fuhr dann mit dem Bus zu einem anderen Arzt (als Junkies hat man mehrere Ärzte, denn man braucht ja viel häufiger Rezepte, als dass sie ein einziger Arzt ausstellen würde) und besorgte mir eine Familienpackung Diazepam. Ich habe dann innerhalb weniger Stunden immer 10 Tabletten gleichzeitig eingeworfen, bis dann irgendwann die 50 leer waren. Nicht 50mg. 50 Tabletten mit jeweils 10 mg (Die komplette Familienpackung Diazepam). Ich wollte nach 4 Tagen ohne Schlaf endlich Ruhe von den Schmerzen haben und knallte mir 50 Stück innerhalb relativ kurzer Zeit rein. Ohne Erfolg. Mein Körper hielt mich einfach wach!

Irgendwann wachte Lara auf und schob einen halben Panikanfall, da ich komplett blau überall war. Habe das dann mal im Spiegel gecheckt und sie hatte recht. Ich sah aus wie eine Leiche. Komplett dunkelblau. Die Zombies von Resident Evil hatten eine gesündere Hautfarbe, als ich in dem Moment. 50 Tabletten reichen normalerweise um einen Elefant für immer einzuschläfern, aber das Leben ließ mich auch in diesem Fall wieder nicht gehen. Nach fünf Tagen konnte ich einschlafen, meine Körperfarbe wurde langsam wieder normal und am sechsten Tag war der Entzug dann endlich vorbei.

Auf Wacken 2010 hatte ich so um die 15 Gramm Heroin für mich dabei. Wir waren jedes Jahr in Wacken und dieses Mal freute ich mich tierisch auf Iron Maiden.

So eine Stunde bevor Iron Maiden am ersten Abend spielte, lernte ich einen Typen aus Costa Rica kennen. Er hatte so einen abgefahrenen bunten Tetrapack dabei. Ich war ja schon vom H. extrem breit und fragte ihn, was das für ein Getränk sei. Er antwortete: “oh my friend it's

from home. Let's drink together". Ich kann nicht mehr sagen, nach was es geschmeckt hat, aber wir soffen recht zügig den ganzen Beutel leer. Dann als Iron Maiden anfing zu spielen, wurde mir ganz komisch. Keine Ahnung was das war (ich vermute Meskalin, oder eine andere Costa-Ricanische Höllenpflanze), auf jeden Fall zog es mir die Schuhe aus. Während dem fünften Song habe ich mich irgendwie auf den Zeltplatz geschleppt. Als der Rest unserer Community zurückkam (Sie Wissen bis heute nichts davon, dass ich in der Zeit wieder regelmäßig auf H. war und auch echt viel drinnen hatte an den Tagen in Wacken).
Lange Rede, kurzer Sinn, auf jeden Fall fanden sie mich vor, als ich gerade eine Bifi mit samt der Verpackung verspeiste. Ich kann mich natürlich an nichts erinnern

und hielt die Aussage immer für dummes Gerede, bis ich dann die Beweisbilder gesehen habe.

Zu der Zeit waren in Wacken 3 Tage lang Konzerte. Von den Konzerten am Folgetag sah ich genau null. Der Cocktail hat mich komplett ausgeknockt. Ich lag nur auf der Couch, die wir immer in Wacken dabei hatten und schaffte es kaum aufzustehen. Ich wollte mir irgendwann mal eine Dose Ravioli machen, aber selbst das ging schief, denn mit meiner verschobenen Optik schaffte ich es nicht, den Inhalt in den Topf zu kippen. Es landete auf dem Boden. Am letzten Tag in Wacken kam ich dann so langsam wieder auf die Beine.

Aber schon auf dem Heimweg merkte ich, dass die nächsten Tage die Hölle werden. Hab ja während der 5 Tage so um die 15 Gramm echt sauberes Zeug gehabt. Ich kam dann aus Wacken wie ein Häufchen Elend zurück. Es dauerte Wochen, bis ich mich davon halbwegs erholt hatte.

>Du als Leser musst zum Verständnis wissen, dass wenn man als Depressionspatient fast eine Woche Party gemacht hat und natürlich auch eine Menge Spaß hatte, (Trotz der Costa-Ricanischen „Icetea“). dass die Dopamin, Serotonin, Endorphin und auch alle anderen Botenstoffespeicher bei uns Depressionspatienten

komplett leergesaugt sind. Du bist dann in der schlimmsten Depression überhaupt gefangen. Gedanken nicht mehr aufwachen zu wollen sind dann auch allgegenwärtig. So als ob man quasi die Rechnung für die schöne Zeit bezahlen muss. Das, was toll war und sich gut angefühlt hat, (das hat man auch meist auch nach einem Urlaub, falls du dich wunderst, warum sich dein Partner nach eurem gemeinsamen Urlaub so beschissen fühlt) bekommt man mit voller Wucht heimgezahlt. Wie als ob man bestraft wird dafür, dass es einem mal gut ging. Auch ganz allgemein, wenn man mal einen tollen Tag hatte, lässt uns die Krankheit am Tag darauf eine sehr teure Rechnung bezahlen und haut uns mit voller Wucht mit einem Hammer in die Fresse. Nach einigen Jahren, wo man das dann weiß und sich selber kennt, hat man meist überhaupt keine Lust mehr, etwas schönes zu unternehmen, denn die Rache der Krankheit wird garantiert fürchterlich sein!<

Im Januar 2010 waren Lara und ich mal bei meinem Vater und in der Nacht ist mein zweiter Sohn entstanden. (Seit dem gehe ich mit keiner Frau mehr auf irgendwelche Partys von meinem Vater, denn jedesmal wurde ja augenscheinlich eine von mir schwanger)
Die Schwangerschaft war die absolute Hölle. Lara musste 4 Monate im Krankenhaus LIEGEN. Sie durfte nicht aufstehen, da sonst eine Fehlgeburt gedroht hätte. Ich ging morgens für einen Sub-Unternehmer Briefe und Zeitungen austragen, hatte mit der Spiel-, Heroin- und Amphetamin-Sucht immer noch zu kämpfen, bin mittags dann 2-3 Stunden ins Krankenhaus, dann hatte Oma inzwischen ein deutlich sichtbares Stadium Demenz

erreicht (ich war oft bei ihr, um mit ihr einzukaufen) und abends bin ich noch aufs Gymnasium, wo ich tatsächlich meine Abiturprüfung geschafft und mein Abi mit 2,7 abgeschlossen habe.

Ich war allerdings am Ende meiner Kräfte und das Runter-Dosieren, (je weniger ich nahm, umso schwerer wurde es von Woche zu Woche) wurde zur Tortur.
Dann kam mein zweiter Sohn zur Welt. Die Geburt verlief wie die Schwangerschaft. Es war die Hölle und Lara musste noch operiert werden. Das Drama nahm kein Ende. Leider kam mein Sohn mit allen möglichen Allergien zur Welt und hat sich monatelang gewunden und nonstop geschrien, bis endlich die Diagnose Kuhmilcheiweiß, Sojaeiweiß etc…nach etlichen Arztbesuchen da war.
Wenn Lara irgendetwas derartiges gegessen hatte, übertrug sich das über die Muttermilch und löste bei Junior die allergischen Reaktionen aus.
Es kam zusätzlich dazu, dass ich meinen geliebten Kater Max hergeben musste. Das Tier hatte mich 10 Jahre begleitet und war bei den unzähligen Entzügen immer an meiner Seite. Er hatte das gleiche Geburtsdatum wie ich und war genau so ein Dickschädel. Mein Herz war gebrochen. Ich habe Tagelang geheult, aber es gab keine Option. Mein Sohn hatte selbstverständlich Vorrang.

>Ein paar Jahre danach hatte ich mal bei einem meiner Besuche in der alten Heimat ein Date mit einer ehemaligen Arzthelferin von früher. Ich stöberte in ihren Fotos bei Facebook rum und sah auf einmal Max. Ich erkannte ihn sofort an seinem Blick. Es stellte sich heraus, dass die Mutter von ihr, ihn ein paar Jahre zuvor aus dem Tierheim geholt hatte. Das war ein heftiger, aber auch glücklicher Moment, denn ich wusste, dass Max bei einer tollen Familie angekommen ist.<

Bei Oma, bei der ich alle paar Tage zu Besuch war und der ich bei alltäglichem geholfen habe, begann so langsam die Demenz im Jahre 2010 überhand zu nehmen.
Ich habe Oma geliebt. Sie hat mir ihr letztes Hemd gegeben und ich versuchte wenigstens es so auszugleichen, indem ich ihr half. Mein Vater war nicht so gerne bei ihr, da sie sehr oft das gleiche Erzählt hat und mein Vater da wenig Geduld für mitbrachte. Das war auch ein Mit-Grund, dass ich irgendwann anfing Weihnachten zu hassen. Jeder kam für eine Stunde zu Oma nur um seinen Umschlag abzuholen und sich dann wieder zu verpissen. Das ist ganz tief bei mir verwurzelt. In der Vorweihnachtszeit sind alle auf einmal wieder so Kontaktbedürftig und meinen nur weil Weihnachten ist muss man einen auf familiär heucheln. Und nach Weihnachten hört man dann genau 11 Monate lang nichts, bis wieder Weihnachten vor der Tür steht. Ich bekomme jedes mal Aggressionen wenn dann Anfang Dezember die ersten WhatsApp kommen.
Meine Zockerei war mittlerweile so schlimm, dass ich am Monatsanfang den kompletten Lohn verspielt hatte und bei den Pfarrern und Kirchen in der Stadt nach Essens- und Einkaufsgutscheinen für die Tafel betteln musste.
Ich weiß nicht, was davon noch eine Steigerung ist, aber für mich und meinen Stolz, den ich ja immer noch irgendwie hatte, war es die Hölle, so hilflos gegen die Umstände zu sein.
Ein guter Wegbegleiter (ich behalte für mich welcher) war auch hochgradig spielsüchtig. Er ist irgendwann in

der Spielothek umgekippt und war Tod. Wenn man am Monatsanfang all sein Geld verzockt, bei Familie und Freunden Schulden hat und hungrige Mäuler zu Hause warten, die sich auf dich verlassen, ist der Moment, wo du aus der Spielhalle gehst und alles verloren hast, brutal. Der Kreislauf dreht sich. Dir wird kotzübel und das Herz schlägt, als wenn es jeden Moment explodieren würde. Ich könnte mir vorstellen, dass genau das für den Herzstillstand meines Weggefährten verantwortlich war. Auf jeden Fall hasst du dich dafür so unfähig zu sein und würdest dich vor Scham am liebsten aufhängen. Das alles und der endgültige Entzug von Methadon hat mir den Rest gegeben.

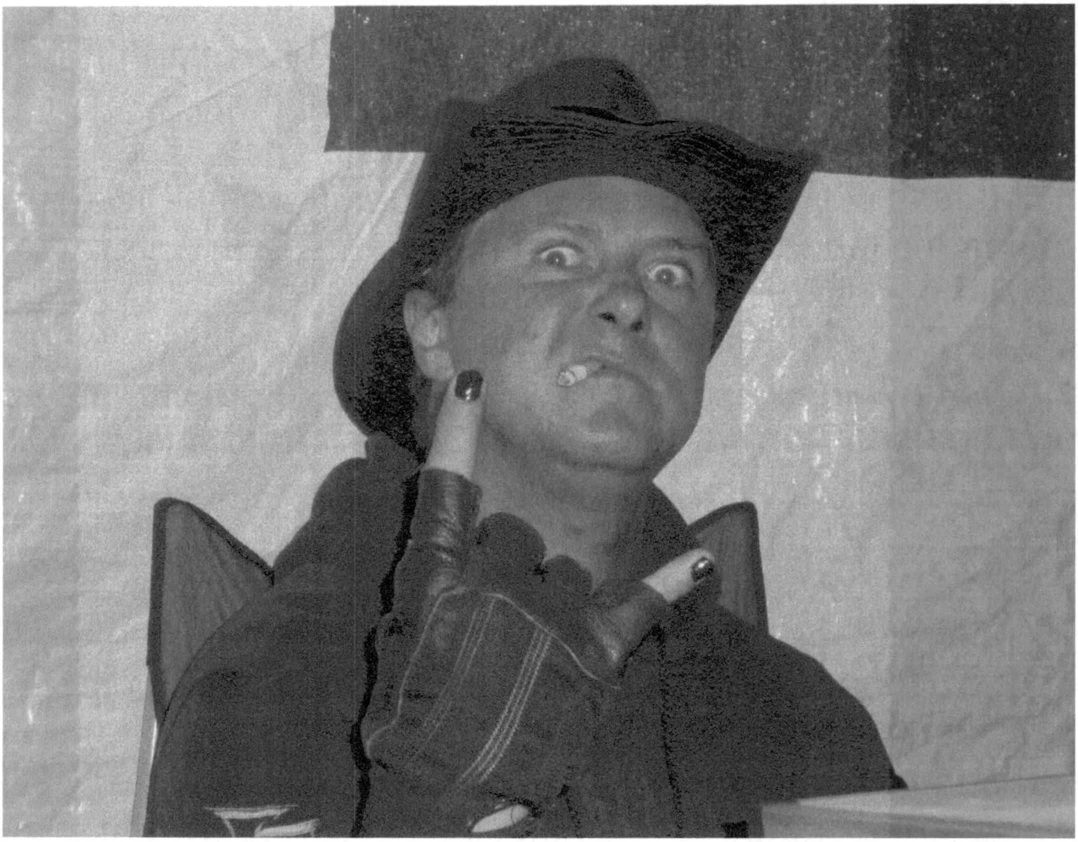

Ich wollte nicht mehr, ich konnte nicht mehr und ich hatte keinerlei Hoffnung mehr jemals ein normales Leben zu führen.
>Darauf folgte die Geschichte am Steinbruch zu Beginn dieses Buches, die du gerne noch einmal lesen kannst jetzt, wo du die Vorgeschichte kennst…<

…..Mir blieb nicht mehr viel, als der Anweisung des Psychiaters folge zu leisten und in die Psychiatrie zu gehen. Hatte auch keine Kraft mehr, mich zu wehren und keine Kohle mehr um mir was zu holen, und mein Hirn auszuschalten. (Es wäre wohl H. gewesen). Er wollte mich mit dem Krankentransport hinbringen lassen, aber ich versicherte ihm, dass ich gehen werde und nur ein paar Sachen holen möchte. Ich glaube, mein Vater oder ein Kumpel hat mich hingebracht. Die Pfleger warteten schon auf mich und brachten mich auf die Station 14 (wenn ich mich recht erinnere). Ich musste versichern, dass ich mich nicht umbringen werde.
Ich glaube da habe ich im ersten Moment das erste Mal seit längerem wieder eine Form von sarkastischen Humor herausgebracht und gesagt, dass dann wahrscheinlich der Strick reißt oder sonst irgendwas passiert, was mein Ableben verhindert und ich es von daher gar nicht erst wieder versuchen möchte.

Ich kam mit einem Soldaten ins Zimmer. Er war auch schwer traumatisiert. Gesprochen hat er zwar nicht viel darüber, warum er in der Psychiatrie ist, aber ich habe in ein paar Gesprächen diverse Fragmente erfahren. Er ist

Feldwebel und Pilot von großen Transportmaschinen gewesen und musste wohl unter
anderem mit ansehen, wie sein bester Kumpel bei einem Einsatz ums Leben kam. Er war psychisch in ähnlich miserablerem Zustand, wie ich. Die ersten zwei Wochen waren hart. Spielentzug, neue Tabletten, Regeln, neue Leute, aber, ich habe mich dann doch recht schnell eingelebt. Nach den zwei Wochen wurde ich auch Patientensprecher. Das ist wohl eines meiner Talente (voran zu gehen und für die Interessen anderer einzustehen) und es hat mir gezeigt, dass ich vielleicht doch nicht so ein nutzloser Penner bin, der nichts anderes kann, als sich und seiner Familie Leid und Schaden zuzufügen.

Boah womit ich aber überhaupt nichts anfangen konnte, waren so Sachen wie Meditation, Bodyscan, sich selbst fühlen, autogenes Training und andere Formen der Mentalarbeit. Mein Körper hat sich für mich entweder zum Kotzen angefühlt, oder ich war von mir selbst angewidert. Hinzu kam bei allem, wo man die Augen schließen musste, dass ich diesen Typen am Baum vor mir hängen sah. Abends habe ich dann heimlich öfter mal gesoffen, um irgendwie klarzukommen.
Es manifestierte sich aber langsam der Gedanke, dass ich in meinem alten Leben nicht mehr bleiben kann. Es gab für mich keinen Ausweg mehr. Also beschloss ich, meine alte Heimat zu verlassen. Ich rief meine Mutter an und fragte sie, ob sie Platz für mich haben, was sie mit „Ja" beantwortete und was ich dann auch so in die Tat umsetzte. Eine Woche bevor ich zu Mutter ging, kam mich Lara mit Junior und meinem Vater in der Klinik

besuchen. Junior war damals knapp über 1 Jahr alt. Ich ergriff das Wort und sagte, dass ich weggehen werde. In dem Moment streckte der Kleine seine Arme aus und kam zu mir rüber gekrabbelt, als ob er verstanden hätte, was ich da gerade gesagt habe. Das war der Moment des Abschieds, den ich auch heute noch immer wieder vor mir sehe.
Kurz danach hat mich dann André und ein anderer Kumpel zu meiner Mutter nach Wittingen gebracht.

>Für die meisten der Leser ist das nur schwer nachvollziehbar, wie man sich einfach aus dem Staub machen kann, aber ich musste es so machen. Ich hatte die 12 Jahre zuvor mit unzähligen Junkies zu tun und keiner von denen hatte jemals den Absprung geschafft. Entweder sie sind heute noch drauf oder Tod.
Man muss aus dem alten Umfeld raus, wenn man clean werden will. Auch heute fast 15 Jahre später bekomme ich sofort das Verlangen auf H, wenn ich in meiner alten Heimat, Mannheim oder Darmstadt an unseren alten Treffpunkten vorbeikomme. Es ist schlichtweg nicht möglich, solange man immer wieder täglich damit konfrontiert wird, dauernd Junkies begegnet und man nur einen Anruf benötigt, um Stoff zu holen. Wenn du die Chance haben willst aufzuhören, musst du weg! Das ist einfach so.<

Tja, Neustart schön und gut, aber wie? Mitten in der Pampa, ohne Freunde und ohne Möglichkeiten was zu unternehmen. Mein Tagesablauf war dann den ganzen Tag in meinem Kellerzimmer vor Facebook (Ich hatte vor dem Erlebnis am Steinbruch immer was gegen

Facebook und nicht einmal ein Smartphone, bis mir meine Mutter kurz vor Wiesloch eins geschenkt hat. In Wiesloch hatte ich dann entdeckt, dass das ein guter Zeitvertreib ist) zu sitzen und gegen Abend täglich eine Pulle Captain Morgan zu bechern. War ne „lustige“ Zeit, bis meine Mutter die Notbremse gezogen hat und mich überzeugte nach Uchtspringe in Langzeittherapie zu gehen.

Kapitel 10: Uchtspringe

Zuerst musste ich dort auf die Entgiftungsstation und mir sozusagen durch gutes Verhalten den Therapieplatz verdienen. Es dauerte nicht lang, bis ich auch dort das Patientensprecher Amt innehatte (glaube 3 Tage). Bei so etwas blühe ich einfach auf, wenn ich Probleme für andere lösen kann. Das ist meine Bestimmung, wie sich auch heute in den Wochen während ich dieses Buch schreibe, jeden Tag mehr manifestiert. Es ging mir also verhältnismäßig gut. Ich bekam den Platz und ging voller Selbstvertrauen in die ersten Gespräche mit meinem Therapeuten Herrn M.
Uff der Typ war allerdings ganz anders als alle anderen Psychologen, Psychiater oder ähnliches in meinem Leben und das waren damals schon einige gewesen. Da war nichts mit Streicheln und sanfter Traumabewältigung. Er sagte ganz offen zu mir, dass er mit arroganten Arschlöchern wie ich es sei nicht arbeitet und wenn ich nicht sofort von meinem hohen Ross herabsteige, dass er mich rauswirft. Bäm!

Ich hielt mich eigentlich nicht für arrogant, ausser in der Anfangszeit von H. und hatte dementsprechend auch reichlich vorbehalte Herrn M. gegenüber. Ich war vielleicht etwas skeptisch, aber arrogant.... Das war ein Brett. Ich war kurz davor, meine Sachen zu packen, aber dann kam die Frage auf, in welches Leben ich dann zurückgehen würde und genau die Antwort darauf wollte und konnte ich nicht mehr. Also biss ich mich durch. Insgesamt 6 Wochen musste ich alle Schlechtigkeiten, die er an mir fand, aushalten.
Auch in der Gruppentherapie wurde übelst auf meine zarte Seele eingeprügelt. Dann, an meinem 31. Geburtstag, begann ich umzudenken. Ich weiß noch, dass ich zu mir sagte: “Ok du bist jetzt 31 und bei eins beginnt alles von vorne.”

Also arbeitete ich ab dem Zeitpunkt mit Ihm zusammen und ließ mich auf vieles
ein. Zwar als Rebell, der sich immer wieder kleine "Nettigkeiten" für das Personal ausgedacht hat, aber ohne Grenzen zu überschreiten. In dem Tagebuch, das man führen musste (was der Herr M. dann jeden Tag las) habe ich ihn immer wieder intellektuell herausgefordert, aber seine Antwort hat jedes mal

gesessen und natürlich zog ich immer den kürzeren, aber er hatte sich schon dran gewöhnt und bei der Entlassung haben wir beide darüber gelacht.
Unter der Woche ist bei so einer vollstationären Langzeittherapie ein sehr straffer Zeitplan. Um 7 Uhr wecken und dann ein Termin nach dem anderen. Man hatte wenig Zeit für sich. Horror war Ergotherapie. Jeden Wochentag 3 Stunden nonstop. Alter könnt ihr euch vorstellen, dass so ein Typ wie ich mit 2 linken Händen und mit der Devise: “Als der liebe Gott die Geduld verteilt hat bin ich gegangen, weil es mir einfach zu lange gedauert hat” verdammte 3 Stunden so ein beschissenes Perlentier zusammen fummeln muss und das ohne Nikotin??? Boah, ich bekomme jetzt noch Zorn, wenn ich darüber nachdenke (lach).
Die Ergotherapeutin tat mir im Nachhinein auch leid. Ich habe es ihr nicht einfach gemacht und sie musste viel einstecken. Jetzt, wo ich darüber nachdenke, war ich da wirklich ein arrogantes Arschloch und sie war mein bevorzugtes Feindbild neben Herrn M.

>Falls Sie das hier lesen sollten (ich weiß dass sie sich an mich erinnern) möchte ich um Entschuldigung bitten. Sie haben Ihren Job gut gemacht<.

Nachdem ich gemäßigt war, haben mich die Mit-Patienten auch wieder Anführer spielen lassen. Ich hatte meine Privilegien, wie meine eigene Matte beim Sport und den einzigen Sessel im TV Zimmer und das war auch mittlerweile ok so für alle.

>Zu der Matte beim Sport. Es gab da so um die 30 blauen Matten und eine rote. Natürlich stand für mich ausser Frage, dass ich die Rote haben muss. Erst jetzt wenn ich so drüber nachdenke gehört das natürlich zur Therapie. Es wird von den Therapeuten beobachtet, wie die Gruppe mit so etwas umgeht, wenn es etwas gibt, dass nur einer haben kann. In meinem „Jahrgang“ gab es da aber wenig Konfliktpotential. Nachdem ich sie mir gleich in der ersten Woche gesichert hatte, versuchte auch keiner mehr sie mir wegzunehmen. Ich glaube ein mal hat das ein neuer Patient versucht, aber meine klare Ansage und das gute Zureden der anderen, dass er sie doch mir überlassen soll, war das einzige Mal, wo es fast zum Konflikt gekommen wäre. Geil jetzt muss ich echt darüber lachen, wie überlebenswichtig mir diese scheiß rote Matte war Hahahaha.<

Generell waren die letzten Wochen der Therapie auch stellenweise wirklich schön. Das Wetter war toll und wir sind sehr viel gemeinsam als Gruppe (mit mir voran) an den Wochenenden wo keine Therapie stattfand spazieren gegangen. Am Wochenende haben wir Kuchen gebacken, Schnitzeljagd für Erwachsene mit Quizfragen, die wir in den Wäldern versteckt hatten veranstaltet und sehr viel Volleyball gespielt. Eine kleine Liebschaft hatte ich auch, aber sie ging sehr zeitnah dann in eine andere Klinik, da „Angstbindungen“ nicht toleriert wurden. (Auf den Begriff gehe ich nachher nochmal ein). Von daher musste sie oder ich gehen, da sie aber schnell eine andere Klinik fand, durfte ich bleiben. In dem Dorf Uchtspringe gab es ausser dem Klinikgelände mit vielen Gebäuden und einem Maßriegel nichts. Die nächste Einkaufsgelegenheit war ca 30 Minuten Fußweg entfernt, aber es ist eine tolle Gegend. Viele Wälder, eine Quelle und auch eine Straussenfarm. Ich liebe Strausse. Es sind so herrlich dämliche Viecher. Wenn man die Hand um deren Hals legt (OHNE ZUZUDRÜCKEN!) Machen sie die Augen zu, als ob der Feind dann verschwinden würde, oder der Farmer erzählte auch, dass wenn man von einem Strauss verfolgt wird, soll man um die Ecke rennen und sich dann flach auf den Boden legen, denn dann sehen die dich nicht mehr.

Was mir mega viel Spaß gemacht hat war Sport und da ich genau wusste, dass ich irgendeine Sucht brauche, dachte ich mir, dass ich mit Bodybuilding anfangen könnte. Außer Frage stand natürlich, den langen Weg zu gehen. Ich wollte am besten übermorgen wie meine Vorbilder aus Kindertagen (Stallone, Hulk Hogan und Schwarzenegger) aussehen, also bestellte ich mir schon in den letzten Tagen der Therapie Anabolikatabletten nach Hause. Dann nach 3 Monaten und 3 Wochen wurde ich zurück ins wahre Leben entlassen.
Meine Mit-Patienten hatten sogar für mich eine Abschiedsfeier organisiert, also kann ich meinen Job als Leitwolf nicht sooo schlecht gemacht haben. Die meisten haben mir wirklich von Herzen alles gute gewünscht und den Typen am Baum hatte ich fast verarbeitet, durch die vielen Spaziergänge im Wald.
Es hat gefruchtet. Tatsächlich blieb ich daraufhin über 2 Jahre ohne einen Tropfen Alkohol (sogar in Wacken) und setzte meinen Plan, Bodybuilder zu werden, in die Tat um. Innerhalb des ersten Jahres bin ich von 67kg auf

93kg mutiert. Recht schnell kamen zu den Oralen Steroiden auch Injektionen dazu. Ich rechtfertigte vor mir und vor anderen, dass ich das brauche und dass es definitiv besser ist als Zocken, Alk, Koks, Heroin oder sonst was.

Bei dieser Meinung bleibe ich auch heute noch. Wenn du dadurch schaffst, von harten Drogen wegzukommen, dann mach es! Das sage ich aus voller Überzeugung und das ist meine Meinung, basierend auf meinen Erfahrungen und die vertrete ich!
Ich habe ein paar Jahre danach mal meinen Therapeuten Herrn M. angeschrieben und wollte mich erkundigen, wie viele in der Zwischenzeit nochmal zur Therapie gekommen sind. Da schrieb er mir, dass nur ich und eine andere Patientin von ehemals 30 Leuten nicht noch einmal zu ihm kamen. Ich denke das unterstreicht auch jede Statistik, wie wenige so eine Sucht überwinden.

>Auf Zusammenhänge zwischen Sucht und anderen Faktoren, sowie Krankheiten (wie sie entstehen und was da im Körper passiert) gehe ich später in diesem Buch kurz und wenn dann Bedarf besteht, ausführlicher nach der Veröffentlichung ein.<

Ich war natürlich nicht geheilt. Jemand wie ich wird niemals geheilt sein. Er kann nur lernen, mit seinen „Störungen“ (ich sehe das heute als Modifikationen an) zu leben und das braucht jahrelanges Training und passende Lebensumstände.

Die Depressionen waren nicht weg, der Suchtdruck war nicht weg, aber ich fand mein Hobby im Bodybuilding und machte dann noch 1.5 Jahre lang eine ambulante Therapie.

In Wacken 2011 und 2012 blieb ich tatsächlich als einziger in Mitten von 80000 Metallern nüchtern. Alle die schon mal in Wacken waren, wissen was das für eine Monsterleistung ist ;)

Anfang 2013 kam der Punkt, wo mein Krankengeld ausgelaufen ist.
Ich musste zum Arbeitsamt. Der Sachbearbeiter schaute sich meine Historie und Krankengeschichte an und meinte nur “Oh jeh, was machen wir denn mit Ihnen?"
Für die komplette Arbeitsunfähigkeit und Frührente ist es ein bisschen sehr "früh".
Ich antwortete, dass ich gerne Geschichte auf Lehramt studieren möchte, weil mein Traum ist Menschen zu unterrichten. Das ging aber nicht, denn Studiengänge werden nicht vom Arbeitsamt unterstützt.
Schlussfolgernd habe ich mein Abi in dieser Hinsicht umsonst gemacht. Trotz dessen bin ich heute sehr stolz darauf in meinem damaligen Zustand und nie nüchtern im Unterricht, das Abi geschafft zu haben. Alleine das grenzt meiner Meinung nach an ein Wunder.

Er fragte mich, was ich denn gerne mache. Nach kurzer Überlegung kam mir Fahrer in den Sinn. Ich bin vor meinem Zusammenbruch ein Jahr lang mit dem PKW

Briefe ausfahren gewesen und das machte mir grundlegend auch Spaß.
Dann sagte er :" Super, dann habe ich was für Sie. Ich bezahle Ihnen die Berufskraftfahrer Ausbildung mit allen Führerscheinen, Kran, Gabelstapler und auch Gefahrenstoffe. Sie hätten danach eine echte Lehre vorzuweisen und sind ausgebildeter Berufskraftfahrer".
Das klang für mich wirklich gut und nach Rücksprache mit meinem Therapeuten, der mir ein Gutachten ausstellen musste, dass ich trotz meiner Krankheiten und Medikamente fahren darf, habe ich zugesagt. Im Sommer 2013 begann ich die Umschulung zum Berufskraftfahrer beim TÜV Nord

Kapitel 11: Die Ausbildung

Nach mehreren Liebschaften und kurzzeitigen Audienzen bei einer Lebensabschnittsgefährtin, lebte ich immer noch im Keller bei meiner Mutter, als ich die Ausbildung begann. Es waren jeden Tag 1 Std. und 40 Minuten einfache Fahrt, die ich aber gerne in Kauf nahm. Die ersten Tage habe ich erstmal gefehlt, da das Gutachten von meinem Psychiater (ich musste ein Attest vorlegen, dass ich in der Lage bin Personen zu befördern) noch nicht beim Arbeitsamt war. Ich begann also eine Woche später.
Der Ausbilder war so ein typischer Bierzelt-Kumpel. Super sympathischer Mensch. Irgendetwas war an seinem Blick seltsam. Es schien, als würde er in beide Augen gleichzeitig schauen. Nach einer Woche machte er eine Bestandsaufnahme der Mathekenntnisse und

teilte einen Test aus. Als ich nach 15 Minuten fertig war, brachte ich den fertigen Test zu ihm und fragte, ob ich mit Teil 2 schon anfangen könnte. Er schaute mich erstmal von oben bis unten Prüfend an. Lachte spöttisch und wertete die Ergebnisse mit Hilfe seines Lösungsheftes aus. Seine Augen wurden ähnlich groß wie die des Anästhesisten 10 Jahre zuvor. “Was hast du für einen Schulabschluss?”. Naja, ich habe Abitur. Nachdem er sich fassungslos erzählen ließ wie ich denn bei ihm in der Ausbildung gelandet bin, stand er auf und sagte vor der Klasse :“ Der Herr Saw wird erst wieder in 4 Wochen zu uns stoßen, sonst langweilt der sich hier zu tode und baut nur scheiße”. Alle lachten und ich war dann erstmal wieder 4 Wochen zuhause. Generell war die Ausbildung echt cool. Ladekran, Gabelstapler und auch die Führerscheine haben meinen Dopaminspiegel stetig hoch gehalten und ich muss sagen, in der Zeit waren meine Depressionen halbwegs moderat. Ich habe funktioniert und hatte wie gesagt auch Spaß. Das erste Mal in einem LKW hinterm Steuer ist schon ein mulmiges Gefühl. Auf den ersten Metern fuhr ich gefühlt schon 60 km/h bis mein Fahrlehrer rief “Das Gaspedal ist rechts”.

Ich dachte mir nur “du Vogel, ich fahr doch schon zu schnell”, bis ich mal kurz auf den Tacho schaute. Der zeigte irgendwas zwischen 20 und 30 km/h an (lach). Unser Ausbilder war auch für den ADAC tätig und hat mal so einen Überschlagsimulator mitgebracht. Also mehr als 5 Umdrehungen wollte glaube ich keiner.

Nach 12 Monaten waren dann alle Führerscheine bestanden und mein Schulkollege hat ein Unternehmen gefunden, bei dem wir beide unser Praktikum machen können. Während dieser 6 Monate habe ich dann bei einer anderen Lebens-Abschnittsgefährtin nähe Hameln gewohnt. Das Praktikum verlief erfolgreich und wir beide wurden genommen. Es galt nur noch die Gesellenprüfung zu schaffen, was wir auch taten. Zwei Tage bevor ich dann als Berufskraftfahrer in dem Busunternehmen begann, habe ich mich mit meiner damaligen Gefährtin so in die Haare bekommen, dass sie mich bat zu gehen.
Ja, mit (bis dahin wieder) chronischem Dopaminmangel und einer stressigen Arbeit steigt das Stress-Level ins Unermessliche. Mein Kumpel, mit dem ich im Unternehmen angefangen habe, ließ mich dann 2 Monate lang in seinem Keller (Voll das Kellerkind) wohnen, bis ich was eigenes in der Nähe des Betriebshof gefunden hatte.

Also begann ich am 01.02.2015, im Alter von 34 Jahren, sozusagen meine erste richtige Arbeit als ausgebildete Fachkraft. Die erste Zeit als Busfahrer hat mir auch wirklich Spaß gemacht. Es hat sich früh herauskristallisiert, dass ich am liebsten abends und nachts gefahren bin. Dadurch, dass ich wie ein halber Schrank aussah, hatte ich auch nie wirklich Probleme mit unbequemen Fahrgästen. Wenn ich sagte „raus“, dann gingen sie auch raus und zwar spätestens, als ich aufgestanden bin. Die Nieten-Lederhandschuhe, Lederarmbänder, die Cowboystiefel und die Sonnenbrille (auch bei Regen) haben ihren Teil dazu beigetragen.

Ich kam dann in die Spätschicht-Gruppe und hatte eine tolle Zeit mit coolen Kollegen (Grüße an alle).
In der Spätschicht hatte man auch den Vorteil, dass man ab und zu die ein oder andere hübsche Bekanntschaft gemacht hat. Es entwickelte sich schnell zum Hobby, Spielgefährtinnen zu sammeln.

Das Problem daran war aber die chronische Unzufriedenheit, unter der ich litt. Hatte ich eine, wollte ich 2 und hatte ich 2 wollte ich die dritte. 3 Waren dann aber zu anstrengend, also war ich irgendwann einfach fertig und hatte überhaupt keine mehr. Das war dann aber zu wenig und das Spiel ging von vorne los. Das ganze Theater mit vielen dramatischen Abschnitten ging monatelang so und hat mich total ausgelaugt. Ich wusste damals einfach noch nicht, warum ich so bin und was in meinem Kopf wirklich nicht normal läuft.
Mein Leben bestand aus Training, Sex, arbeiten, Schulden zurückzahlen (ich bin mit Minus 25000.- Euro im Jahr 2015 gestartet) und irgendwie durchkommen, ohne schwere Depressionsschübe. Liebeskummer war dann auch mal wieder dazwischen und so war es ein dauerndes auf und ab. Nicht gerade erfüllend, aber

wenigstens war ich zu der Zeit nur von 4 Abhängigkeiten betroffen (Sex, Nikotin, Sportsucht und Steroide).

>Da gilt mein Dank auch einem Kollegen, der mir den Weg zur Schuldnerberatung und somit auch aus der Schuldenfalle zeigte<

Ein anderes Problem war aber, dass mein Gehalt einfach nicht reichte und ich daher auch mit meinem Aussehen zusätzlich Geld verdient habe. Ich muss zugeben, das war natürlich auch für das Ego echt geil, dass man für manche Dienstleistungen bezahlt wird. Es setzte Dopamin frei und ich fühlte mich definitiv etwas besser. Wie weit das alles ging, erzähle ich vielleicht irgendwann, aber dafür ist jetzt die Zeit einfach noch nicht gekommen.

Mit einer Busbekanntschaft hat es dann wirklich gut funktioniert und ich sollte mit ihr über 2 Jahre zusammen sein ohne fremdzugehen. Auch meinen Zweitjob als bezahlter Begleiter hängte ich an den Nagel.
Ich brauchte aber eine neue Aufgabe und ein neues großes Ziel, worauf ich hinarbeiten konnte, da das „Frauensammeln“ ja vorbei war. Da ich mir nur wenig sagen ließ und auch vor Vorgesetzten keine Angst hatte und sowieso von Natur aus ein Rebell bin, wurde der Betriebsrat des Betriebshof auf mich aufmerksam und fragte mich, ob ich nicht Interesse habe, irgendwann sein Nachfolger Betriebsrat zu werden. Gefühlt kam ich bei vielen Kollegen auch recht gut an und ab da, war dann mein Ziel der Betriebsrat. Mit meiner

Lebensgefährtin lief es wirklich gut. Sie hatte viel Verständnis und hat mich sehr unterstützt.
Irgendwann 2017 sind dann 2 Bandscheiben in der Lendenwirbelsäule zum zweiten Mal rausgesprungen (Das erste mal glaube ich 2010). Es waren schwere Wochen, aber ich kämpfte mich zurück und machte natürlich weiter mit Bodybuilding, das ja auch zur Sucht wurde. Ich hatte den „umgekehrten Bodybuilder-Magersuchtkomplex“ (offizieller Name Dyslexie). So wie sich Magersüchtige im Spiegel zu dick sehen, sah ich mich viel zu dünn. Auf der Straße wurde ich oft angesprochen, was ich doch für ein Schrank sei, aber im Spiegel sah ich mich gefühlt mit ca 80Kg und kaum Muskulatur, obwohl ich über 100Kg hatte.
Das ist auch eine heftige Sucht. Ich habe mir Anabolika-Dosierungen reingeballert, die selbst für ein Rennpferd zu hoch gewesen wären. Dabei hat dann auch mein Herz Schäden abbekommen und die Herzwand wurde viel zu dick, was früher oder später zum Tod geführt hätte. Mein Hausarzt zählte mich an, da auch meine Leberwerte durch die vielen Oral-Steroide viel zu hoch waren und redete mir ins Gewissen, dass ich unbedingt eine Pause machen muss, wenn ich noch ein paar Jahre leben möchte. Ich ging dann zumindest etwas mit der Dosis runter und meine Organe erholten sich in den folgenden Monaten ein bisschen.
Sogar mein Magengeschwür, das sich auch schon gebildet hatte verschwand wie von Geisterhand. Ok also machte ich ein bisschen halblang, aber wie das so bei Suchties ist, fehlte es dann in dem Gerüst, das mich psychisch funktional hielt. (es müssen viele Dinge zusammen passen, dass so ein Seelenkrüppel

funktioniert und wenn dann ein Baustein wegbricht, fällt das ganze Kartenhaus zusammen).

Ich wurde wieder depressiver und zum Nervenbündel. Ich weiß noch, dass meine Lebensgefährtin es mal gut meinte und eine Geburtstagsparty für mich organisiert hat, ohne mir Bescheid zu geben. Gesellschaft war und ist heute noch schwierig für mich und das dann auch noch am Geburtstag (ich hasste Geburtstage, denn ich konnte meiner Geburt bis vor wenigen Monaten einfach nichts positives
abgewinnen) war einfach zu viel. Sie hatte sogar meinen besten Kumpel vergangener Zeiten André eingeladen, der mit Frau und Kindern 500 km weit gefahren ist. Aber mein Hirn ist damit nicht klargekommen. Sie blieben einige Tage und ich hielt das einfach nicht mehr aus. Stellt euch vor, die ganze Energie (von der ich sowieso viel zu wenig hatte) wird dir abgesaugt und irgendwann reagiert das Hirn mit Panik. Es muss dann irgendwie aus der Situation raus. Das war wissentlich das erste mal seit 2011, wo ich gemerkt habe, dass ich psychisch wieder ein Wrack bin, welches nur noch unter Idealbedingungen funktioniert.

>Bei uns Depressionspatienten ist Gesellschaft schwierig. An schlechten Tagen wird man von anderen Menschen quasi erdrückt. Es ist als ob der Kopf implodiert und man fühlt genau, dass wenn man nicht sofort aus der Situation geht, dass es zu einer ganz schlimmen Panikattacke führt. Viele von uns können deshalb auch nicht nüchtern auf eine Party oder zu einem Familientreffen gehen. Schon der Gedanke

dorthin zu müssen lähmt uns Tagelang und die Angst davor wird so schlimm, dass wir meistens kurzfristig absagen. Das ist nicht weil wir mit „normalen“ Menschen nichts zu tun haben wollen, sondern weil wir es an manchen Tagen einfach nicht können. Stell dir vor du sagst zu jemandem mit gebrochenen Armen, dass er jetzt Tennis spielen muss. Es geht einfach nicht und ich muss jetzt auch endlich in die Öffentlichkeit, um das der Welt zu erklären, denn die meisten von uns können selbst nicht darüber reden, weil wir Angst vor Sprüchen wie: „-Jetzt stell dich mal nicht so an, -wir tun dir ja nichts, -du musst mal unter Leute, dass es dir besser geht, -reiß dich einfach mal zusammen und Jammer nicht grundlos, -du lächelst doch, -dir kann es garnicht schlecht gehen, -warum bist du so zu uns, -wir haben dir ja nichts getan, -anderen geht es schlechter usw. haben. Leute versteht endlich, dass wir uns das nicht aussuchen können und dass wir nichts mehr wollen, als dass wir wieder alles machen können. Diese Krankheit ist viel schlimmer, als ihr es euch auch nur im entferntesten vorstellen könnt. Wir leiden so sehr darunter, dass so mancher sich morgens wenn er aufwacht nichts sehnlicher wünscht, als vom Blitz getroffen zu werde, dass das Leiden endlich ein Ende hat. Es geht nicht so wie ihr euch das vorstellt und es dauert Jahre (falls es überhaupt klappt) diese Krankheit zu besiegen. Ich stehe jedem, der sich mal wirklich über die Krankheit erkundigen will zur Verfügung und auf meinem TikTok Account erkläre ich ganz viel über uns und auch wie Angehörige mit uns umgehen können, falls sie uns helfen möchten.<

Kurz danach ging es auch wieder ein bisschen mit Alkohol los und der Suchtdruck zu zocken wurde größer. Letztendlich wurde ich 2018 zum Betriebsrat gewählt. Somit war auch dieses Ziel erreicht und ich hatte nichts mehr, worauf ich hinarbeiten konnte. Ich habe mir zwar dann als Betriebsrat noch neue Ziele gesteckt, was ich alles für meine Kollegen erreichen möchte, aber es war halt keine Chance mehr da irgendwie aufzusteigen.
Mir meiner Lebensgefährtin lief es zusehends schlechter. Wir haben auch sexuell so nach und nach das Interesse aneinander verloren und da ja mein überdimensionaler Hunger nach Sex aber nicht aufhörte, fing ich an, mich wieder nach anderen Frauen umzusehen. Das merkte sie und irgendwann hat sie mich dann zur Rede gestellt. Da ich ein verdammt schlechter Lügner bin, gab ich dann zu, dass ich Interesse an anderen habe.
Das wollte und konnte sie nicht tolerieren und wir trennten uns. Ab da ging es wieder rapide bergab. Ich fing wieder an viel zu trinken und hatte eine Bettgespielin nach der anderen. Die Spielsucht hatte mich auch wieder eingeholt und meine bezahlte Begleitertätigkeit wurde reaktiviert, um das ganze Geld aufzutreiben was ich verzockt habe. Als ich dann auch im Betriebsrat gescheitert bin, da ich im Endeffekt mit meiner rebellischen Art in einem 13er Gremium 12 Mitglieder gegen mich hatte, bekam ich seit langem mal wieder einen richtigen Nervenzusammenbruch. Ein paar leichte hatte ich ja immer mal wieder, aber dieser war heftig und sollte mich auch 16 Monate lang per Krankmeldung aus dem Berufsleben katapultieren.

Ich war nicht mehr in der Lage, Bus zu fahren. Amphetamine kamen dann auch wieder ins Spiel. Das Leben war ein reines Chaos, ohne Ziele und Perspektiven. Mein Hausarzt schickte mich in die Psychiatrie, in der ich mich dann wieder behandeln ließ.

Kapitel 12: Der nächste Lebensabschnitt

Zu Beginn des Jahres 2019 lernte ich eine Frau kennen, mit der ich auch zusammengekommen bin. Sie machte alles für mich, aber ich konnte ihre Liebe nicht erwidern. Ich war in meinen Süchten und schweren Depressionen gefangen. Das einzige, was mir noch einigermaßen Freude bereitete war mein Sport, aber auch da sollte eine weitere Verschlechterung meiner Lendenwirbelsäule mich sehr stark einschränken. Ich konnte kaum noch gerade laufen und die Schmerzen waren brutal. Meine Sister hat mich dann zu einem gemeinsamen Urlaub in Kroatien eingeladen. Das war dann wieder ein Lichtblick, auf den ich hinarbeiten konnte. Mein erster Urlaub seit ewigen Zeiten. Ich war zwar mit meiner Mutter, ihrem Mann und mit meiner damaligen Lebensgefährtin in Dänemark, aber mein Gefühl gegenüber meiner Mutter war alles andere als gut. Sie hat mir zwar ein Dach gegeben, als ich meiner alten Heimat den Rücken gekehrt habe, aber das, was als Kind passiert war, vergisst man nicht und bis Dato hatte ich es ihr auch nicht verziehen.
Zu der Zeit plagte mich auch mein Gewissen täglich, dass ich meine Kinder zurückgelassen und quasi genau das gleiche wie meine Mutter 16 Jahre davor mir

angetan hatte. Ich wusste allerdings, es war die richtige Entscheidung, denn sonst wäre ich heute nicht mehr am Leben. Heftiger Zwiespalt im Kopf sowas und wie es so in einer Negativspirale ist, kamen auch die schlechten Gewissen meiner Oma und Gerhardt gegenüber wieder so richtig krass zum Vorschein.

Am 24 Juni ging es los. Ich kam mittags zur Sister und abends sind wir losgefahren. Allein die Fahrt war der absolute Knaller. Ich hatte richtig gute Laune und freute mich riesig. Kurz vorher hatte ich mit meiner Psychologin beschlossen, die Frauenjagd hinter mir zu lassen und mich mit der zufrieden zu geben, die ich habe. 96 reichten auch, dachte ich mir. Gegen Ende der Fahrt waren wir so übermüdet, dass ich vor mir auf der Autobahn einen Angler auf einem Pickup sah. Aber wir zogen durch und kamen dann in Peroj an. Bei einem Dating-Portal, das ich eigentlich löschen wollte, hatte ich den Spruch im Status "Es ist völlig Sinnlos etwas zu suchen, wenn man sich selbst nicht gefunden hat". Auf diesen Spruch schrieb mich Jayde an, die eigentlich auch keinen Bock mehr auf Dating hatte. Sie war komplett anders als die anderen.
Unsere Dialoge gingen sehr tief und waren auf einer anderen Ebene, als dieses langweilige und oberflächliche Geschreibe, das normaler Kennenlern-Standard ist. Witzig ist, dass ich in meiner Sammlung keine vor ihr mit roten Haaren hatte. Rot war für mich immer ein Stoppschild, aber diese Frau hatte was besonderes und das hat sie auch heute noch.
Wir schrieben die kompletten 2 Wochen, die ich in Kroatien war ganz viel hin und her. Ich habe mal einen Tag nichts geschrieben, um zu testen, wie ernst sie es meint, aber tatsächlich hat sie sich gemeldet. In dem Urlaub ging mir eine Menge durch den Kopf und ich hatte das Gefühl, dass jetzt irgendetwas passieren muss, sonst finde ich keinen Weg aus der Depression. Es war aber auch wirklich schön so viel Zeit mit Sister zu verbringen und das ließ mich oft verdrängen, in welch

miserablen Zustand ich mich befand. Wir haben viel unternommen und waren täglich am Meer. Ich liebe ja den Kroatischen Radler (nein damit meine ich keinen Menschen). Der ist mit Grapefruit statt Zitronenlimonade und davon gibt es dort 2-Literflaschen, von denen ich unzählige in den 2 Wochen getrunken habe und so einen komischen Honiglikör, der extrem gut mit Milch gemischt schmeckt.

Kapitel 13: Jayde

Die 2 Wochen neigten sich dem Ende zu und ich verabredete mit Jayde, dass ich nach meiner Ankunft mich direkt auf den Weg zu ihr mache. Es kam wie es kommen sollte. Wir verbrachten ein paar Stunden miteinander, hatten dabei sechs mal Sex, drei Tage später bin bei Jayde eingezogen und drei Monate später waren wir verheiratet.
Bei der Hochzeit waren genau drei Gäste da. Mein Trauzeuge, meine Schwiegermutter, die gleichzeitig Trauzeugin meiner Frau war und deren Lebensgefährte. Nach der Hochzeit machten wir Bilder, schickten „die Gäste" nach Hause und fuhren zum Flughafen. (Jayde und ich waren uns von Anfang an einig, dass wir nicht feiern, denn so eine Feier bedeutet immer Stress. Man will es jedem Recht machen, von daher sagten wir, dass wir für uns geheiratet haben und nicht für irgendwelche Gäste). Keiner (auch mein Trauzeuge) räumte uns auch nur den Hauch einer Chance ein, dass die Ehe hält. Am besten war meine Schwiegermutter (die im übrigen der

absolute Jackpot für mich ist, so wie auch ihr Lebensgefährte), als Jayde ihr erzählt hat, dass ich bei ihr eingezogen bin und dass wir heiraten. Sie sagte nur ganz trocken: „Ja macht doch nix, dann bist du halt eben zweimal geschieden“ Aber Stand heute, fast sechs Jahre danach, hatten wir weder einen größeren Streit, noch war unsere Ehe jemals ernsthaft gefährdet. Natürlich ist es, sagen wir mal „interessant“, wenn zwei Psychische Wracks (Jayde hat die selbe Grunderkrankung wie ich, auf die ich später genauer eingehe, jedoch wussten wir das damals noch nicht) zusammenleben, aber wir waren von Anfang an unzertrennlich.

Anfangs hatte Jayde vorbehalte wegen meiner Süchte und finanziellen “Fähigkeiten”. Klar, ich hatte immer noch Schulden und sie wusste von Anfang an bis ins Detail, was ich für ein Leben hinter mir habe.
Meine Psychotherapie machte ich weiter und Jayde motivierte mich, gegen meine Depressionen zu kämpfen und an der gemeinsamen Zukunft zu arbeiten. Zu dem Zeitpunkt war eine Rückkehr als Busfahrer für mich ausgeschlossen.
Wenn ich in meiner alten Heimat zu Besuch war, wurde es auch immer sehr hart für mich. Nach den Besuchen war ich (Das ging 12 Jahre lang so) wochenlang psychisch total fertig und komplett unbrauchbar.
Das versteht auch keiner, der es nicht selbst gefühlt hat. Ich stelle gerne den Vergleich an, dass wenn ein Bein gebrochen ist, man nicht mit einem Hammer draufschlagen sollte. So ist das auch mit der Psyche. Das Leben dort hatte mich gebrochen und jedesmal, wenn ich dort war, schlug ich sozusagen mit dem Hammer auf mich ein. Ich sah dort meine Versagen an jeder Straßenecke, die ganzen Orte, die als Junkie mein „Zuhause“ waren und da in der heutigen Gesellschaft psychische Erkrankungen immer noch belächelt werden und diese scheiß Glaubenssätze (stell dich nicht so an) in den meisten Köpfen, der älteren Generationen festsitzt, fühlt man sich einfach wie ein totaler Verlierer.

Bei meinem Vater ist es besonders schwer. Er ist halt nunmal so erzogen, dass er Psyche häufig als dummes Geschwätz abtut, obwohl er in den letzten Jahren schon versucht etwas mehr Verständnis für mich zu entwickeln, aber dass Jayde und ich z.B. keinen Besuch für mehrere

Tage bei uns in der Wohnung aushalten kann er einfach nicht nachfühlen. Ich habe ihm schon einige Male versucht zu erklären, was diese Krankheiten bedeuten, aber er wird das nie so ganz verstehen, da er so etwas einfach nie gefühlt hat.
Wir Psychos sind nunmal anders und können manche Sachen einfach nicht wie "normale" Menschen. Es gibt ein paar Menschen, die versuchen Verständnis aufzubauen, so wie meine letzten verbleibenden Freunde. Sie geben sich wirklich Mühe und haben sich gut angepasst. Sie wissen, dass ich mich nicht wirklich verabreden kann und schauen von Tag zu Tag, ob ich fit bin, aber ich kann einfach nicht voraussagen, wie es mir am nächsten Tag geht und ob ich in der Lage bin, zum Training zu kommen oder vor die Tür zu gehen. Zur Arbeit schaffte ich es (wenn ich mal gearbeitet habe) nur, weil meine Existenzängste mächtiger waren, als die Depressionen. Ich bin mittlerweile wirklich stabil und habe ein durchweg positives Mindset, aber die letzten Jahre haben mich so sehr geprägt, dass ich immer noch keine Treffen ein paar Tage vorher zusagen kann. Auch wenn es mir gut geht, habe ich aber dann möglicherweise in dem Moment einfach andere Dinge im Kopf, denen ich in dann umgehend nachgehen muss (wie z.B. eine Meditation, um einen Anflug einer Depression zu stoppen).

>Ich beschreibe das mal so, dass du einfach keine Kraft hast in einem Depressionsschub. Es ist sogar ein riesen Kraftakt, einfach ans Telefon zu gehen, wenn dein privates klingelt. Damit habe ich bis heute Probleme. Ich

muss mich erst auf das Telefonat einstellen und auf mögliche Probleme vorbereiten. Das Herz rutscht einem sozusagen in die Hose. Der Kopf entwickelt wie ein leichtes drücken, dir wird schwindelig und der Kreislauf geht in den Keller, nur weil das Telefon klingelt! Ganz selten, dass ich gleich rangehe.

Die Angst vor allem bestimmt dein Leben. Du hast Angst, dass dich jemand sieht. Du hast Angst, dass dir jemand nicht glaubt. Du hast Angst, das dich Menschen ansprechen. Angst Auto zu fahren, in einen Bus einzusteigen, einkaufen zu gehen und und und.

Meistens kannst du dich nicht mal im Spiegel anschauen, denn was du dort siehst, ist pure Hoffnungslosigkeit, Verzweiflung und Selbsthass. Selbst eine einfache Whatsapp von der Mutter meines Sohnes, war wie ein Stich ins Herz, der oft zu einem Rückfall oder zu tagelanger Depression geführt hat.

Häufig kamen Gedanken, mir das Leben zu nehmen, aber dann denke ich immer an den Typen am Baum im Wald. Manchmal ist es so übel gewesen, dass ich tagelang nur die Wand angestarrt habe. Es war sogar schwer, auf Toilette zu gehen oder zu duschen. Da war es dann nur eine Frage der Zeit bis ich mir das Gehirn mit irgendwelchen Substanzen abgeschossen habe, oder in Online Casinos zockte.

Heute weiß ich aus wissenschaftlicher Sicht, dass das alles mit den Stoffen Dopamin, Serotonin, Endorphin, Noadrenalin und auch Lithium im Gehirn zusammenhängt, worauf ich nachher noch einmal eingehen werde.<

Je älter man wird, desto kürzer werden die Zeiträume, in denen es einigermaßen geht. Mit den Mitteln und Skills (Die sollen einem helfen, aus den negativen Gedanken herauszukommen), die ich bis dahin gelernt habe und trotz der vielen Medikamente, konnte ich trotzdem nicht dagegen angehen. Ich war schlichtweg wehrlos und schaute von Tag zu Tag, wie schwer die Depression gerade ist. Psychologen, Therapien und Medikamente helfen vielleicht ein bisschen, aber jeden einzelnen Tag fühlst du dich schlecht. Wenn man es schafft vor die Tür zu gehen, fühlt man sich meisten etwas besser, aber die Panik und Kraftlosigkeit verhindert konstant, dass du es überhaupt schaffst dich (ohne Hilfe und ohne jemanden der dich liebevoll zwingt), aufzuraffen.

Ohne Jayde war ich alleine nicht mehr lebensfähig. Sie ist z.B. mit mir zum Sport gefahren, da ich alleine auf Grund von Panikattacken am Steuer an vielen Tagen nicht mehr in der Lage war selbst zu fahren. Zu Weihnachten hat sie dann Jahreskarten für den Zoo gekauft, da ich Wochenlang wie ein Zombie die Wände anstarrte und zu rein garnichts mehr in der Lage war. Sie hat mich dann fast jeden Sonntag überzeugen könne, dass ich mir meine Sonnenbrille aufsetze, meinen Kapuzenpullover über den Kopf ziehe und mit ihr in den Zoo zu gehen.

>Das Thema im Casino zocken hatte sich übrigens kurz nach der Hochzeit erledigt. Ich bin ins Casino und habe 2400 Euro gewonnen. Ich schrieb das Jayde voller Freude, dass ich von dem Geld einen gemeinsamen

Urlaub bezahle und wie viel Glück man für so einen Gewinn haben muss.
Wider Erwarten teilte sie meine Freude nicht. Sie sagte mir unmissverständlich, dass wenn ich noch ein Mal in irgendein Casino gehe, sie mit sofortiger Wirkung die Scheidung einreicht und mich raus schmeißt. Sie wird keinen Tag länger mit einem Spielsüchtigen zusammenleben. Das hatte gesessen und bis heute habe ich keinen einzigen Euro mehr in einen Automaten geworfen. Sie gestattete mir ab und zu ein paar Sportwetten, aber auch damit habe ich mittlerweile wegen Erfolglosigkeit abgeschlossen.<

So ging also das Jahr 2019 zu Ende und an Silvester haben wir zum ersten Mal Speed und Pillen miteinander genommen. Ja, da war ich nicht gerade der beste Einfluss für Jayde. Sie hatte zwar vor mir ein paar Erfahrungen mit
Ecstasy, aber dass man auf Chemie oder Koks nächtelange Sexorgien feiern konnte, war für sie neu und hat ihr natürlich sehr gut gefallen. Glücklicherweise ist sie ja ähnlich bedürftig wie ich ;). Zu der Zeit war mein Körper schon so weitsichtig, dass er mir immer Zeichen setzt, wenn es grade kritisch wird. Nach einer Orgie, bei der ich 4 Tage am Stück wach war (Anfang 2020), wo Jayde auch echt Panik bekam, fing mein Körper schon nach kleinen Mengen an zu rebellieren. Die 4 Tage waren heftig. Ich fand kein Ende und knallte mich total weg. Ich weiß auch nicht mehr alles, aber ich vergaß zwischendurch zu Atmen und schreckte dann immer panisch zusammen. Schlafen war unmöglich, da

mein Körper nur noch am zucken war und ich zwischendurch nach Luft japste.
Ab da vertrug ich keine 10 Gramm mehr, sondern nur noch 2-3 g und selbst danach geht es mir tagelang beschissen. So kam es dann über die Jahre zu dem Stand, auf dem wir auch heute sind. Alle paar Wochen mal eine Nacht, aber dann ist auch wieder gut und wir können ohne Probleme die Finger weglassen.
Irgendwann nach diesem Ereignis 2020 entschieden Jayde und ich, dass ich es nochmal als Busfahrer versuchen soll. Ich war über 1 Jahr krankgeschrieben und begab mich in die Wiedereingliederung. Zuhause kam ich nur auf blöde Ideen und hatte häufig Rückfälle in Online Casinos, wo ich mich aber irgendwann selbst habe sperren lassen.

>*Glücklicherweise hat die Regierung gewisse Schutzmaßnahmen für Spielsüchtige installiert und man kann sich zur Selbstschutzmaßnahme sperren lassen. Dann darf man weder Sportwetten, noch Onlinepoker oder sonstiges Glücksspiel machen. Das empfehle ich jedem Zocker, der keinen Ausweg findet und immer wieder rückfällig wird. Lasst euch sperren, denn es passiert immer wieder, dass man sich impulsiv bei irgendeinem Casino anmeldet, oder dass man in ein Wettbüro geht. Sobald man aber den Ausweis oder die Personalien angibt, wird einem untersagt zu spielen. Das hat mich in dem Punkt bis heute gerettet und glaube mir, ich habe bestimmt schon 20 Versuche in den letzten 4 Jahren unternommen, irgendwo online zu zocken oder zu Wetten. Schütze dich, deine Familie, dein Geld und*

Leben, indem du dich sperren lässt. Im Internet findest du Telefonnummern und Webseiten, die dir helfen. Generell gilt auch für andere Süchte, dass man die Verfügbarkeit beseitigen muss, wenn man aussteigen will. Ohne Verfügbarkeit keinen Konsum. Lösche die Nummern der Dealer und blockiere sie vorher, dass sie sich nicht mehr bei dir melden können. Sag deinem Kioskbetreiber, dass er dir keinen Alkohol mehr verkaufen soll usw.<

Die Wiedereingliederung verlief ziemlich gut. Ich hatte mich etwas Erholt und kam nach Rücksprache mit dem Betriebsarzt und meinen anderen Ärzten in die Frühschicht-Gruppe. Da ich abends starke Psychopharmaka und Antidepressiva bekam, durfte ich nur morgens fahren. Verschiedene Schichten waren ausgeschlossen, damit ich einigermaßen stabile Voraussetzungen hatte und meine Medikamente immer um 18 Uhr einnehmen konnte. Es machte sogar zu Beginn wieder etwas Spaß, Bus zu fahren. Aber das hielt nicht wirklich lange an. Meine Bandscheiben in der LWS wurden immer beschissener und da bei mir ja alles sehr mit meiner Psyche verknüpft ist und mein “funktionierendes System, das mich funktional hielt”, bei der kleinsten Erschütterung im Begriff ist, auseinanderzubrechen, sind so Rückschläge immer eine totale Katastrophe.

Ende 2019 habe ich einen Schwerbehindertenantrag gestellt. Die Antwort des Sozialamtes erschütterte mich. Ein Bekannter aus meiner alten Heimat hat GDB 60 wegen Depressionen mit weitaus milderen

Krankheitsverlauf. Daher legte ich Widerspruch ein. Es ging lange hin und her mit dem Anwalt, bis ich zu einem gerichtlichen Gutachter geschickt wurde. Das müsste Ende 2021 gewesen sein. Ich erzählte ihm meine Lebensgeschichte und er stellte eine DIN A4 Seite voller Diagnosen fest. Insgesamt 37 Süchte, Störungen, Phobien, Komplexe, Depressionen, Ängste und Bi-Polarität. Da waren Sachen dabei, die ich noch nie zuvor gehört hatte. Zu Ende des Gesprächs (Er hatte wohl eine Vermutung, aber dazu später mehr) sagte er mir, dass mein System jeden Moment kollabieren kann und dass ich einen spezialisierten Psychiater, den er kennt, aufsuchen soll. Ich wusste bis Dato nicht mal annähernd, dass dieser Termin mein Leben dermaßen verändern würde. Ich rief also dort an und habe den Termin für Anfang 2023 mit 14 Monaten Wartezeit bekommen.
Ein sehr positives Highlight, was mich wirklich auf eine bessere Zukunft hoffen lies war, dass ich Anfang 2021 einen Unfall hatte, wo ein LKW in meinen alten Astra F aufgefahren ist. Die Karre war leider nicht mehr zu retten. Ich war allerdings immer noch dabei, Schulden zurückzuzahlen und hatte keine Kohle für ein anderes Auto. Erst mal wieder Panik, Perspektivlosigkeit und Depression, bis Jayde sagte "Komm wir schauen mal nach Autos". Haben dann im Internet ein bisschen gesucht und ich bin auf meinen jetzigen gestoßen. Eine alte E-Klasse von 2005, mit 6-Zylinder Motor und nur 93000km von einem Händler, der als Vermittler auftrat, um keine Garantie geben zu müssen. (Mein Vater hatte früher mal ein ganz altes „Stern" Modell aus den Achtzigern und den liebte ich als Kind).

Er sollte 7400 Euro kosten. Ich zeigte ihn Jayde und sagte “irgendwann mal will ich so einen haben. Das wäre echt ein Traumauto für mich”. Sie sagte dann „na los wir schauen und den mal aus der Nähe an“ und ist mit mir zu dem Händler gefahren. Ich solle ihn einfach mal Probefahren, ob das überhaupt was für mich ist. Beim fahren schaute sie zu mir rüber und sagte „Ja du hast recht, das Auto steht dir, komm wir fahren zurück“. Sie ging zu dem Händler rein und kaufte einfach das Auto. Ich sollte es ihr in Raten zurückzahlen.
Das war das erste Mal, dass ich das Gefühl hatte, irgendwann doch einmal ein gutes Leben ohne Geldsorgen führen zu können. Geld ist ein extremer Trigger, auch heute noch. Wenn man so wie ich 60 Entzüge durchgemacht hat, um Geld betteln musste und quasi 30 Jahre lang jeder Tag nur daraus bestand, wie man an Geld kommt, macht es einen Irre.
Man hat immer Angst, wieder so leben und unbeschreibliche Dinge tun zu müssen, um an Geld zu kommen. Aber mit diesem Auto hatte ich einen Lichtblick vor der Tür stehen, der mir Hoffnung gab. Leider fuhren wir im Juni nach Kroatien und mein geliebtes Auto machte Probleme. Wenn es über 30 Grad warm war und er keinen Fahrtwind bekam, ging er aus und blieb stehen. Das erste Mal auf der Hinfahrt im Stau bei Rosenheim. Ungünstigerweise ist es im Juni in Kroatien immer über 30 Grad, also war jeder Ausflug ein hoffen und bangen, dass er nicht wieder stehen bleibt und aus geht. Jede Ampel war Nerventerror pur. Heute lache ich darüber. Geil war auch dieser fucking Karawankentunnel zwischen Slowenien und Österreich. Das scheiß Teil ist, glaube ich, 17 km lang. Eine Spur in jede Richtung und

wenn man liegen bleibt, gibt es keine Buchten, wo man sich abstellen könnte. Man legt also bei einer Panne den kompletten Reiseverkehr zwischen den beiden Ländern komplett lahm. An sich war der Urlaub aber mega schön und ging viel zu schnell vorbei.

Auf der Heimreise fuhren wir extra Abends, um unter 30 Grad zu bleiben. In dem Tunnel wurde es aber immer wärmer und der Verkehr wurde immer langsamer. Irgendwann hatten wir 39 Grad und fuhren gerade einmal nur noch 40 km/h. Jayde sagte irgendetwas. Ich motzte sie nur noch an "JETZT NICHT". Ein paar Minuten später waren wir schon deutlich weiter und die

Temperatur ging runter. Irgendwann sagte sie nur panisch “Ach du scheisse 34 Grad”. Zum Glück hat sie keine 10 Minuten früher auf die Außentemperaturanzeige geschaut.

Im September 2021 hatte ich dann die Gerichtsverhandlung mit dem Ergebnis GDB 50 und Schwerbehindertenausweis. Ich habe geheult im Gerichtssaal, als das Urteil verkündet wurde. Es hatte mich wirklich mürbe gemacht und wenn man vom Sozialamt so mies abgespeist, als Simulant bezeichnet wird und einem sozusagen vorgeworfen wird, dass es einem garnicht so schlecht geht und man überhaupt keine Einschränkungen hat, wenn man sich mal nicht so anstellen würde, fängt man an, an sich zu zweifeln. Man denkt wirklich, dass man einfach nur ein Schwächling ist, der übertreibt und dem es gar nicht so schlecht geht. F… YOU das ist schlichtweg falsch. Depressionen können tödlich verlaufen und da MUSS ein umdenken in der Bevölkerung und auch auf den Behörden passieren, für das ich kämpfen werde. Manch anderer hätte sich vielleicht wirklich umgebracht, so beschissen und engstirnig, wie ich von Behörden behandelt wurde. Wenn du in ähnlicher Situation bist, gib nie, nie, niemals auf und kämpfe! Geh zum Anwalt (schließe unbedingt eine Rechtsschutzversicherung ohne Selbstbeteiligung ab. Du wirst sie oft brauchen!) Und erzwinge dir dein Recht auf Anerkennung bei solch einer schweren Krankheit. Das war auch wieder ein Lichtblick, denn jetzt hatte ich es schwarz auf weiß und in Form eines Ausweises immer bei mir, der der Welt bestätigt, dass ich nunmal kein Simulant sondern schwer krank bin.

Nachdem ich dann mein Auto für 3500,- Euro (alles ersparte, was ich mir mühsam in einem Zweitjob im Fitnessstudio verdient hatte) reparieren lies und wir eine tolle Urlaubswoche in Dänemark hatten, gab es dann wieder kaum Zeit zum durchatmen.

Museum in Dänemark Oktober 2022

Der nächste Niederschlag ließ nicht lange auf sich warten…..

2022 hatte ich Ärger mit dem Gesetz. Wir haben Ende 2019 eine kleine Menge Speed im Darknet bestellt und mit Bitcoin bezahlt. Ich ging davon aus, dass es eine sichere Sache ist. Es waren insgesamt 2 Bestellungen, bei verschiedenen Shops, wo allerdings auch nur eine bei mir im Briefkasten ankam. Das Geld für die zweite Bestellung wurde abgezockt. Auf jeden Fall bekam ich eine Vorladung und sollte aufs Revier.
In meinem früheren Leben habe ich ja gelernt, dass man sich auf dem Revier viel zu schnell verquatscht, also ging ich zum Anwalt, der Akteneinsicht beantragte. Als ich dann bei ihm war, kam er mit mehreren Blättern voll mit Buchstaben, Zahlen und Zeichen rein und erklärte mir, dass das meine Bitcoin Transaktion ist und dass der Verkäufer auch meinen Bestellvorgang preisgegeben und noch auf seinem Rechner gespeichert hatte. Da es schwierig geworden wäre, da rauszukommen, akzeptierte ich den Strafbefehl über 1200 Euro und dachte, dass es damit erledigt sei.
Ich hatte bis dato auch nicht mehr ausgeschlossen, dass es so etwas wie Karma gibt und ich dachte, dass ich damit auch die Dämonen aus der Vergangenheit besänftige, indem ich meinen Fehler zugab.

Kurz vor Weihnachten dann der Hammer. Erneute Vorladung bei der Polizei wegen der zweiten Geschichte. Ich war fertig und hatte den nächsten Nervenzusammenbruch mit ganz schlimmen Suizidgedanken. Ich hatte das Gefühl, dass es nie aufhören würde und ich es einfach nicht verdient hätte, irgendwann mal glücklich sein zu können. Kaum erholte man sich von etwas (egal ob eine Periode, wo ich kaum

laufen konnte wegen LWS, oder wo ich außer Arbeiten psychisch zu nichts mehr im Stande war).
Jaydes Vater ist dann auch in dem Zeitraum gestorben und es kam einfach alles zusammen. Ich wollte schon aufgeben. Das Gute an meiner Ehe ist, dass immer einer von beiden funktioniert und uns irgendwie aus dem Tief wieder in ein für unsere Verhältnisse normales Maß zurückholt. Also ergriff Jayde die Initiative und wir besorgten uns einen Star-Anwalt aus dem Internet, denn wäre es wieder zu einer Verurteilung gekommen, wäre ich vorbestraft und dürfte wahrscheinlich auch nicht länger im ÖPNV arbeiten. Ich ließ mich zeitgleich wieder in die Psychatrie einweisen. Glücklicherweise war ein Platz zeitnah in der Tagesklinik frei, wo ich dann auch 8 Wochen lang täglich hingegangen bin. Der Anwalt kassierte 4200 Euro, die Jayde noch in Reserve hatte und schaffte es tatsächlich, die Anklage aus Mangel an Beweisen fallen zu lassen.

Das war natürlich für meine Geldpanik ein herber Schlag. Ich hatte in der jüngeren Vergangenheit ja Zweitjobs angenommen, um endlich mal nicht jeden Monat rechnen zu müssen. Tatsächlich konnte ich immer mal wieder ein kleines Polster aufbauen, doch sobald mein Kontostand mal vierstellig im Plus war, kam irgendeine scheiße, wie z.B. eine Casinorechnung von 2018, die ein Online Zahlungsabwickler im Nachhinein von mir einforderte. Das Gefühl machte sich breit, niemals ohne Geldsorgen leben zu können und dass, egal was ich mache, das Leben einfach nicht möchte, dass ich frei von Geldsorgen leben kann. Ich war echt fertig.

Die Wochen in der Tagesklinik waren auch für unsere Ehe ein Belastungstest. Es gibt einen Begriff, den Therapeuten gerne verwenden und das ist “Angstbindung”.

>In Therapien ist es häufig so, dass man sich „verliebt“. Das ist eine natürliche Reaktion, da man sich in der Therapie seinen Ängsten und der Vergangenheit stellen muss. Wenn dann da jemand kommt, wo man schon durch blossen Blickkontakt eine Nähe aufbaut, nennt man das bei Therapeuten Angstbindung. Die beiden Betroffenen stützen sich gegenseitig und da können sich sehr schnell Gefühle entwickeln. Ich schreibe das als Warnung, denn wenn man in Therapie geht und sich dann dadurch ablenkt funktionieren die Skills einfach nicht und man beschäftigt sich nicht mit sich selbst, was aber ja der eigentliche Grund für eine Therapie ist. Man fokussiert sich auf den Partner mit dem man die Angstbindung eingegangen ist. Ich habe das auch schon häufiger beobachtet und keines der Paare, die sich in Therapie kennengelernt haben, waren noch lange danach zusammen. Daher meine Empfehlung seid achtsam, wenn ihr in Therapie geht und plötzlich das Gefühl habt in einen Mitpatienten/in verliebt zu sein. Das könnte eine Angstverbindung sein.<

Ich lernte in der Klinik jemanden kennen, mit der ich mich ohne Worte verstand. Wir sahen uns nur an und es war einfach eine Verbindung da. Jayde merkte das und da ich immer ehrlich zu ihr bin, erzählte ich von meiner Bekanntschaft. Sie hat super reagiert, mich weder unter Druck gesetzt, noch versucht mich zu beeinflussen. Ich

kam dann schon von selbst drauf, dass mir meine Ehe viel wichtiger ist, dass ich nur Jayde liebe, dass ich da eine Angstbindung eingegangen bin und dass ich überhaupt keine Kapazitäten frei habe, um mich jetzt auf etwas Neues einzulassen.
In der Therapie entschied ich auch, mich an der LWS operieren zu lassen. Es war kaum noch auszuhalten mit den 2 Bandscheiben, die immer weiter rausrutschen. Ich konnte nicht mal mehr einkaufen. Wenn ich mich auf den Einkaufswagen gestützt hatte, kam ich kaum wieder in die gerade Position, also beschlossen Jayde und ich, dass ich mich operieren lasse.
Nach den ganzen Schocks (Casino 1900,-,Bandscheiben, Strafbefehl 1200,-, Anwalt 4200,- Autoreperatur 3500,-Euro und einige andere „Kleinigkeiten“) wie z.B. der jüngeren Vergangenheit kam ich einmal Abends von der Klinik nach Hause und Jayde schaute mich anders an, als sonst.
Wir hatten mal über einen Traumurlaub gesprochen und plötzlich sagte Jayde zu mir: "Wir hatten so viel Scheisse in den letzten Wochen, dass wir uns jetzt auch mal was gönnen dürfen. Wir fliegen in 2 Wochen auf die Malediven fliegen." What????
Malediven???? Sie hatte das Erbe von ihrem Vater genommen und uns diesen Traumurlaub gebucht.

Kapitel 14: Malediven

Den Urlaub zähle ich zu den 5 schönsten Ereignissen meines Lebens. Es war ein Traum. Die Ruhe, die Unbeschwertheit. Kaum Menschen und Natur pur. Der

gerichtliche Gutachter hatte geschrieben, dass ich das Gefühl, mal länger als einen Tag wirklich glücklich zu sein, überhaupt nicht kenne. Dort war ich es und am ersten Abend liefen mir Stundenlang die Tränen auf unserer Veranda mit Blick auf das blaue Meer. Die Insel (Royal Island) ist um die 400 Meter lang und 200 Meter breit. Jeder Tag verlief mega entspannt.
Aufstehen, Frühstücken und dann erstmal mit meiner Taucherbrille zwei Stunden ans Riff, um "Zeitung unter Wasser" zu lesen (Schauen was meine Fischschwärme, Mantarochen, Miniheie und Korallen so treiben). Auch meine Rückenschmerzen wurden deutlich besser. Es ist einfach das Paradies dort und ich bekomme heute noch Freudentränen, wenn ich ganz tief daran denke. Wir haben auch das blaue Meeresleuchten erlebt, wofür die Malediven berühmt sind. Einfach unbeschreiblich. Das Ende nach 8 Tagen war allerdings mal wieder so ein "John special".
Ich hatte mir am Tag davor am Riff nur minimal den Knöchel gestoßen. Der Schnitt war kaum zu sehen.
Am Abend vor der Abreise (morgens um 3 Uhr) war mein Fuß schon blau und dick. Es tat immer mehr weh. Natürlich googelt man erstmal die Symptome und dort war von Thrombose die Rede und es kam Panik bei Jayde und mir auf.
Glücklicherweise waren unsere Nachbarn Gefäßchirurgen. Wir hatten uns mit denen in der Woche etwas angefreundet. Sie untersuchten mein Bein und meinten, dass es keine Thrombose sei. Sie haben mir dann trotzdem Thrombose Tabletten gegeben. Also blieb da zwar eine Restsorge, aber ich entschloss mich nicht

nach Male (Die Hauptstadt) ins Krankenhaus zu fliegen, sondern bis nach Hause durchzuhalten.
Die 24 Stunden lange Rückreise war der absolute Horror. Ich konnte nicht mehr auf dem linken Bein stehen. Wir warteten 3 Stunden beim Check-In in der Schlange. Ich legte mein Bein über den Rollkoffer und humpelte mit dem anderen zentimeterweise weiter. Da hatte ich das erste Mal einen Anflug des Bewusstseins, was ich mit meinem bloßen Willen alles erreichen kann. Ich habe innerlich geschrien, vor Schmerzen, aber ich wollte heim und habe durchgehalten, während mein Bein immer dunkler und dicker wurde. Im Flugzeug nach Frankfurt hat ein weiterer Passagier mein Bein gesehen und mich darauf hingewiesen, den Stewardessen zu sagen was los ist.
Das hat Jayde dann auch gemacht und der Kapitän sorgte dafür, dass mich in Frankfurt ein Rollstuhl am Gate abgeholt hat, um mich in den ICE nach Hause zu schieben. Jayde fing immer wieder an, dass ich gleich in Frankfurt ins Krankenhaus soll, aber nein, ich wollte nach Hause basta! Gruß an meinen Opa :)

Am nächsten Morgen sind wir dann umgehend zu meinem Hausarzt, der alles von mir Weiß und mit dem ich auch per Du bin. Wir erzählten kurz die Story. Er checke nochmal mit dem Ultraschall mein Bein und auf meine Frage, was ich denn jetzt habe, antwortete er: " Ich habe absolut keine Ahnung, aber das ist auch scheißegal. Wir ballern jetzt mit allem was wir haben drauf. Im Krankenhaus würden sie jetzt das Gleiche mit dir machen."

Ich bekam dann verschiedene Antibiotika, Kortison, Entzündungshemmer und keine Ahnung was noch alles. Nach 2 Tagen wurde es besser und mein Bein wechselte so langsam wieder die Farbe.
Dann stand der Termin bei dem vom Gutachter empfohlenen Spezialisten für Neurologie an. Erstaunlicherweise dauerte es nicht länger als 10 Minuten. Ich erzählte kurz meine Geschichte. Er hakte sehr schnell ein. "Was empfinden Sie wenn sie gekokst haben?" Ich war erstmal etwas erstaunt und wusste nicht so recht, was ich antworten soll. Er wiederholte die Frage mit Speed. "Was machen sie dann auf Speed? Sind sie aktiv? Tanzfläche? Plappermaul... Was passiert mit Ihnen?
Ich überlegte kurz und antwortete dann. "Wenn Sie mich das so fragen, bin ich genau das Gegenteil". Ich habe Frieden, bin ruhig, gechillt und habe nicht so ein Dauerchaos im Hirn. Deswegen mache ich das ja. Um endlich mal Ruhe im Kopf zu haben." Er lächelte und sagte:" Sie haben ADHS, ohne Zweifel."
What??? Will der Typ mich verarschen? ADHS? Ich? Ich bin die Bequemlichkeit in Person. Ich hasse es mich zu bewegen und dann soll ich ADHS haben? Man hat ja so dieses beschissene, komplett falsche Bild im Kopf, von schwer erziehbaren Kindern, die nicht still halten können und deren Eltern einfach nicht durchgreifen.

>DIESES BILD IST FALSCH! DAS MUSS DIE WELT BEGREIFEN! ES IST KEINE MODEERSCHEINUNG, SONDERN EINE VERDAMMT ERNSTE KRANKHEIT, DIE MICH SCHON MEHRMALS FAST UMGEBRACHT HÄTTE, UNTER DER ICH 42 JAHRE GELITTEN HABE

UND DIE IRREPERABLE SCHÄDEN VERURSACHT HAT, BIS SIE ENDLICH ERKANNT WURDE. DURCH DIESE KRANKHEIT SIND 37 FOLGEERKRANKUNGEN IN MEINEM GEHIRN ENTSTANDEN, WEIL ES NICHT BEHANDELT WURDE.WARUM TESTET MAN DAS NICHT BEI CHRONISCH PSYCHISCH KRANKEN MENSCHEN? FÜNF LANGZEITTHERAPIEN UND SO UM DIE ZWANZIG THERAPEUTEN SIND NICHT AUF DIE IDEE GEKOMMEN, DAS ZU TESTEN<.

Er sagte mir, dass ich höchstwahrscheinlich sehr intelligent und Autist bin (das hat sich dann nach anderen Untersuchungen bestätigt). Deshalb hat sich die Krankheit nie nach aussen gezeigt und sich nur in meinem Kopf abspielt. Die chronische Unterversorgung von Dopamin, Serotonin und anderen überlebenswichtigen Neurotransmittern führt zwangsläufig zu Depressionen und auch Suchtverhalten. Mit den ganzen Suchtmitteln, die Dopamin freisetzen, habe ich mich also quasi selbst behandelt, was natürlich zu noch viel mehr Schäden und Ungleichgewicht geführt hatte.
Ich befasste mich dann mit dem Thema, wollte aber vorerst die Einnahme von Stimulanzien (medizinische Amphetamine, die die Aufnahmefähigkeit von Dopamin etc. hochfahren) vermeiden, da ich ja als Busfahrer eigentlich keine Amphetamine im Körper haben darf. Zumindest wusste ich jetzt mal was ich habe.

Einen Monat später hatte ich dann die Operation an der LWS. Sie verlief echt gut und ich merkte sofort nach dem

Aufwachen, dass ich mich besser bewegen kann. Ende April bin ich dann in Reha nach Bad Eilsen. Kann ich nur empfehlen. Tolles Personal, tolle Anwendungen und eine sehr schöne Anlage. Die Sauferei wurde da zwar wieder ein kleines Problem, aber insgesamt habe ich mich dort super erholt. Die Kältekammer ist Geil. Minus 110 Grad für 2 Minuten. Danach fühlt man sich kurz richtig lebendig. Mir wurde dort auch der hauseigene Psychiater zur Seite gestellt. Die ersten Sitzungen dachte ich mir, dass er seeeehr langsam ist und definitiv nicht mehr erreichen wird, als seine 20 Vorgänger. Doch damit lag ich falsch. Wir entwickelten zusammen eine Art Selbstsuggestion. Immer wenn ich einen Wut-, Stress- oder Panikanfall hatte, sollte ich einfach mit mir selbst reden und die 4-7-8 Atemtechnik anwenden. "Ganz ruhig, du kannst das, es ist nur Einbildung und nichts reales…Du bist Berufsfahrer und die Angst ist total unbegründet etc.." Das funktionierte tatsächlich und ich verwende es auch heute noch, wenn mein Hirn mal wieder eine Fehlfunktion hat.

Während der Reha hatte sich Jayde um die Tiere einer Freundin gekümmert. Sie hatte Katzen und ihr Lebensgefährte hatte eine große Vogelvoliere. Dann war da dieses kleine Zebrafinkenweibchen. Sie ist weiß wie Schnee und war in so einem kleinen Kasten eingesperrt, da sie nicht fliegen konnte und ihr eines Bein schwer verletzt war. Die süße tat uns so leid, dass wir einen großen Hasenkäfig gekauft haben und sie mit einem Männchen mitgenommen haben. Der Halter wollte sie nicht zu den anderen Vögeln lassen weil sie nicht dazu passt, oder warum auch immer. Also holten wir sie zu

uns und stellten den Käfig auf den Balkon. Jayde baute ihr ein paar schöne Leitern, legte den Boden mit weichen Handtüchern aus, dass sie mit ihrem gesunden Fuß wenigstens ein bisschen rumhüpfen könnte. Das Männchen „Franz" rief sie immer wieder mit seiner singender Stimme (Er klingt echt wie Woody Woodpecker) und animierte sie zu ihm zu kommen. Er saß meist auf den Stangen oben. Doch die kleine „Pinsel" war ein echter Pechvogel. Immer wenn sie versuchte zu den Stangen zu hüpfen, fiel sie wieder runter und brach sich Federn ab. Doch sie hat einfach nicht aufgegeben und nach ca. 4 Wochen dann das Wunder. Auf einmal saß sie oben bei Franz und konnte sich mit einem Bein auf den Stangen halten.

Zwei weitere Wochen später lernte sie fliegen.
Sie ist eine riesige Inspiration für mich. So schwer gehandicapt, aber so hartnäckig, obwohl es unmöglich schien, dass sie irgendwann mal fliegt. Sie hat sogar schon einmal 2 Eier gelegt. Unglaublicher Kampfgeist. Das war seltsamerweise finanziell der Wendepunkt für uns. Seit dem passieren keine finanziellen Katastrophen mehr und die Pechsträhne ist vorbei. Das kleine weiße Vögelchen ist unser finanzieller Glücksbringer. Nach der Reha wollte ich wieder als Busfahrer arbeiten, doch das stellte sich als schwieriger heraus, als
die letzten Male. Ich kam mit dem Verkehr tagsüber in der Stadt nicht mehr klar und da ich ja noch in der Frühschicht arbeitete und durch das ersetzen meiner Abendmedikamente, (Leider wurden mir durch die unvollständigen Diagnosen über Jahre hinweg Medikamente verabreicht, die eher das Gegenteil von dem angerichtet haben, was sie sollten) konnte ich noch weniger schlafen und war total übermüdet auf der Arbeit. Nachdem ich mehrmals fast am Steuer mit einem vollen Bus eingeschlafen bin, wusste ich, dass ich den Job nicht mehr lange ausführen kann. Unsere Betriebsärztin

versuchte es dann zu retten, indem sie mich nur noch Abends und Nachts arbeiten ließ, weil mein Gehirn dann weniger zu verarbeiten hat.
Zur selben Zeit wurde eine Vollzeit- und eine Teilzeitstelle in der Leitstelle als Fahrdienstleiter frei. Ich bewarb mich auf beide Stellen, als ich aber erfahren habe, dass ein guter und langjähriger Kollege, der sich wirklich über Jahre hinweg den Arsch aufgerissen hat sich auf die Vollzeitstelle beworben hat, wäre es einfach nicht fair gewesen, wenn ich ihm die Stelle weg nehme, also zog ich die Bewerbung für die Vollzeit zurück.
Mein Gerechtigkeitssinn hat so manches Mal mein Handeln beeinflusst.
Für die Teilzeitstelle hat mein Chef, trotz vieler Stimmen, die von mir abgeraten hatten, mir die Chance gegeben, mich zu beweisen und diese habe ich zur Überraschung fast aller Zweifler genutzt.
Nach 9 Tagen Einarbeitung saß ich alleine vor meinen 8 Bildschirmen und lenkte den Busverkehr im Großraum. Geiles Gefühl und der Job war absolut perfekt für mein Gehirn. Es bekommt nur arbeitsrelevante Informationen und wird so nicht mit überflüssiger Scheisse beansprucht. Die anderen 50% der Tage sollte ich noch weiter Bus Fahren, aber keine Chance. Der Straßenverkehr hat mich total überfordert. Mein Gehirn hatte einfach keinen Filter mehr, um unwichtige Sinnesreize zu ignorieren.

>Zur Erklärung von ADHS bei Erwachsenen. Stell dir einfach vor, dass du 1000 Sachen gleichzeitig wahrnimmst und über alles gleichzeitig nachdenken musst. Du siehst einen Stock vom Baum fallen. Die

Oma, die die Bettdecke aus dem Fenster ausschüttelt, den Radfahrer auf der anderen Seite, dazu noch alle Geräusche, Fußgänger, die Autos in den Rückspiegeln, Lichter, Werbeplakate, das Geplapper im Bus, schreiende Kinder und dein Unterbewusstsein hat plötzlich verlernt automatisch zu fahren. Du musst nachdenken, wo man Gas gibt, wie man bremst und lenkt. Dein Gehirn kann unwichtiges einfach nicht mehr von alleine herausfiltern und die Routinen, die du normalerweise hast sind wie weggefegt. Alles könnte zur Gefahr werden und dein Stresslevel ist kurz vorm explodieren. Du kannst dich einfach nicht mehr aufs Fahren konzentrieren. Es macht dich irre und du bekommst als logische Konsequenz Panikattacken, weil dein Gehirn völlig überladen ist und Ruhe bräuchte. Je älter man wird, desto gravierender zeigen sich die Symptome.<

Wir versuchten es dann auch mit richtigen ADHS Medikamenten (Amphetaminen), aber mein Gehirn schaffte den Verkehr und die ganze Unruhe um mich herum nicht mehr zu verarbeiten. Also war ich 50% der Tage krankgeschrieben und die anderen 50% saß ich in der Leitstelle. Das Leben war zu dieser Zeit verhältnismäßig gut. Mit meinen Übungen aus der Reha und meinem Sport hat mein unterer Rücken funktioniert und mit der neuen Hirnchemie und dem Job hatte ich wirklich 2-3 sehr gute Monate und wieder etwas Lebensfreude zurückbekommen.
Depressionen hatte ich an ca. 2-4 Tagen pro Woche, aber das muss ich glaube ich hier nicht dauernd

erwähnen. Die sind nunmal seit 30 Jahren ein ständiger Begleiter.

Kapitel 15: Halswirbelsäule

Dann im Dezember ging es los, dass mir mein rechter Arm von der Schulter ab extrem weh tat. Egal was ich machte, selbst im Ruhezustand hörten die Schmerzen nicht auf. Es ist, als ob in der Schulter kleine Nadeln und ein großes Messer sind, die fortwährend in den Nerv und in den Gelenkknochen bohren. Alle herkömmlichen "leichten Schmerzmittel" brachten überhaupt nichts. Im Bus (wenn ich mal gearbeitet habe) oder auch im eigenen PKW konnte ich nur mit dem linken Arm über Kopf fahren. Liegen ging gar nicht, dementsprechend konnte ich nur noch im Sitzen mit Arm über dem Kopf ein bisschen ruhen, bis der Arm heruntergefallen ist und ich dann wieder wach wurde. Ich war dann im MRT, da meine Orthopädin die Schulter durchchecken wollte. Ich hatte ihr zwar zuvor gesagt, dass ich das Gefühl habe, dass es vom Hals ausgeht, aber wie schon so oft, dass Ärzte mir nicht glauben wollten, hörte auch sie nicht darauf.

Im MRT habe ich vor Schmerzen innerlich geschrien und mir fast die Zähne kaputtgebissen, da ich ja wie schon gesagt nicht liegen konnte. Es waren die schlimmsten 20 Minuten meines Lebens. Stillhalten mit angelegtem Arm, obwohl man das Gefühl hat, jemand sägt mit einem großen stumpfen Messer in der Schulter rum. Mir liefen die Tränen und ich war kurz davor den Notknopf

zu drücken. Ich wusste allerdings, dass das MRT ja gemacht werden muss, also hielt ich die 20 Minuten in der Hölle irgendwie aus. Als es fertig war habe ich dann erst einmal so laut geschrien, dass man mich bestimmt 4 Gebäude weiter noch gehört hat. Das Personal wusste ja was ich da gerade für eine mentale Monsterleistung vollbracht habe und sie sagten auch nichts. Das Ergebnis… An der Schulter ist nur ein bisschen Kalk. Daran kann es nicht liegen. Ich bat dann um ein weiteres MRT für die Halswirbelsäule und bekam einen weiteren Termin. Mittlerweile war ich 8 Wochen ohne richtigen Schlaf. Ich konnte nicht mehr. Wenn man 24 Stunden am Tag über Wochen nicht mal eine Sekunde Ruhe hat und durchgängig die Nadeln in den Nerv bohren, ist man einfach am Ende. Meine Hausärztin, die ich quasi um Hilfe angebettelt hatte, gab mir dann Tilidin. Ich wusste natürlich als Ex-Junkie was das bedeutet. 13 Jahre habe ich mich dagegen gewehrt, wieder abhängig von Opiaten zu werden.
Bei der LWS schaffte ich es noch, aber diesmal hatte ich keine Kraft mehr. Jayde und ich haben, nachdem ich das Rezept eingelöst hatte, noch nachgedacht und beraten, ob ich in die Abhängigkeit zurückkehren soll, aber meine und Ihre Nerven waren am Ende, also nahm ich es. Zum Glück haben die Opioide gewirkt und der Schmerz war wieder halbwegs auszuhalten. Nach und nach musste die Dosis logischerweise erhöht werden, bis ich an der Maximaldosis angekommen war.

Weitere MRT-Untersuchungen und die Meinungen von 2 Orthopäden und einer Neurochirurgie (die mich auch schon an der LWS operiert hatte) waren alle gleich. Vier

Bandscheiben in der Halswirbelsäule sind draussen und vier Halswirbel sind voller Arthrose (die die Nervenbahnen ununterbrochen reizen). Eine Versteifung von vier Halswirbeln ist unausweichlich. Den letzten Funken Hoffnung hatte ich, dass der ehemalige Mannschafts-Orthopäde einer großen Fußballmannschaft eine andere Idee hat, aber auf den Termin musste ich bis Ende 2024 warten.
Dadurch, dass die Nerven dauerhaft gereizt werden, wurde auch meine linke Gesichtshälfte immer schlimmer. Meine komplette linke Fresse zuckte andauernd und ich lief herum wie Quasimodo, nur mit schweren Zuckungen. Brutal zerstörend fürs Selbstvertrauen, wenn man die ganze Zeit mega Spastiken hat.
Du kannst dir nicht vorstellen, wie scheiße das ist, wenn dich keiner mehr ernst nimmt und jeder denkt, du hast gerade einen Schlaganfall, weil deine linke Gesichtshälfte runterhängt und die ganze Zeit am rumzucken ist. Da ich diese Spastiken schon (in viel leichterer Variante) Jahrelang habe, ist auch mein Gedanke plausibel, dass meine HWS seit Jahren schon kaputt ist, aber auch da weiß ich wohl mehr, als die Ärzte mir zugestehen wollen.
In der Zeit schaute ich immer wieder zu der kleinen Pinsel hoch, die über Winter mit ihrem Franz auf unserem Schrank im Wohnzimmer mit UV- Licht lebt. Ich schaute ihr zu, wie sie fröhlich rumfliegt und mit ihrem Franz meckert, weil der absolut katastrophale Nester baut. Sie hat mir geholfen durchzuhalten und durch sie habe ich den Willen entwickelt wieder ins Gym zu gehen. Mein Plan war die Muskulatur so stark im Hals

und Schulterbereich aufzubauen, dass meine HWS durch den Muskelpanzer geschützt ist. Jedes Training war die Hölle. Stell dir vor du bist an den Geräten, führst deine Übungen aus und die ganze Zeit steckt ein Messer im Gelenk, dass bei jeder einzelnen Bewegung tiefer in den Knochen und die Nerven bohrt. Aber ich zog es durch. Da meine Orthopädin mir keine höheren Dosierungen der Medikamente aufschreiben durfte und die Schmerzen wieder schlimmer wurden, bin ich dann zu einer Schmerzspezialistin gegangen. Sie verschreibt mir die Opioide und noch zusätzlich einen Blocker, der die Nervenkommunikation lahmlegt und ursprünglich für Menschen mit Epilepsie gedacht ist. Wenn ich zu einem neuen Arzt gehe und der meine Liste von 13 verschreibungspflichtigen Medikamenten sieht (Inklusive BTM´s) werde ich immer mit großen Augen angeschaut und ungläubig gefragt, wie ich es überhaupt noch schaffe aufzustehen. Ich antworte dann dass mein Körper nunmal ein Wunder ist und mein nie, nie, niemals aufgibt.

2024 habe ich dann auch tatsächlich die 100% Stelle als Fahrdienstleiter bekommen. Jeden einzelnen Tag habe ich nach wie vor 24 Stunden lang Schmerzen, aber ich schaffe es trotzdem arbeiten zu gehen. Da eine Arbeitsunfähigkeit unausweichlich ist, stemme ich mich mit aller Kraft gegen die OP, die eine Fahruntauglichkeit als Konsequenz mit sich bringt. Aber eine OP kam und kommt nicht in Frage. Wenn dieser kleine Pechvogel Pinsel fliegen lernen kann, dann schaff ich das ohne OP! Es kommt für mich nicht in Frage jemals wieder am Existenzminimum zu leben (was bei

einer Arbeitsunfähigkeit der Fall wäre), daher vollbringe ich jeden Tag ein kleines Wunder.
Ich kämpfe mich zum Sport, da meine Physiotherapeutin mir auch immer wieder sagte, ich müsse unbedingt meine Muskelmasse erhalten und dass es ein Wunder ist, dass ich noch laufen kann. Sie hat noch nie einen Menschen mit so einer zerstörten Wirbelsäule behandelt, der noch arbeitet und eigenständig seinen Alltag bewältigt. Ist schon heftig, wenn man so etwas hört.
Also mache ich was sie sagt und zwinge mich zum Training. Zwar nur noch mit „leichten" Gewichten und nur noch an Geräten, da mein linker Arm nicht mehr so ganz das macht, was ich möchte, aber ich gehe 4 mal pro Woche und Prügel mich durch das Programm.
Witzig ist, dass z.B. an unserem Telefon in der Leitstelle 96 Kurzwahltasten sind. Ich sehe, dass ich z.B. den Namen Maier drücke, rufe aber den Schulz an. Echt krasses Phänomen. Habe mal den Kollegen, der das Telefon programmiert hat, zusammengeschissen, dass die Namen nicht stimmen, aber das liegt wohl an mir (lach) da ich die Tasten nicht korrekt treffe. Komische Sache wenn man NÜCHTERN etwas sieht, was aber nicht stimmt. Mittlerweile wähle ich mit dem rechten Arm, um dieses Problem zu eliminieren. Durch meinen Sport habe ich natürlich auch nach wie vor Bezug zu Steroiden und anderen Substanzen.
Da meine Wirbelsäule ein Trümmerfeld ist, nutze ich auch solche, denn sie tragen einen großen Teil dazu bei, dass meine Wirbelsäule sich nicht noch mehr auflöst.

>Da sollte auch ein Umdenken in der Krankenversorgung in Europa passieren. Es gibt Präparate, die Menschen helfen und den Verfall von Muskulatur und Knochen aufhalten, aber man wird sogar gesetzlich verfolgt, wenn man sich die Präparate besorgt, die ***wissenschaftlich bewiesen*** *helfen. In dieser Gesellschaft ist es auf Grund von Fehlinformation, Engstirnigkeit und (der wichtigste Faktor)* ***Kosten*** *für das Gesundheitssystem verboten. Man könnte Menschen mit Knochenkrankheiten helfen, aber man will nicht und das ist in meinen Augen unterlassene Hilfeleistung!!!<*

Entgegen der Prognosen, halte ich seit 20 Monaten durch (so wie Pinsel, die heute immer noch lebt). Ein paar Dinge kann ich nicht mehr, wie lange auf dem Beifahrersitz sitzen wegen der Vibrationen. Geschirr nehme ich lieber mit rechts, da mir oft was aus der Hand fällt und beim Training kann ich nur noch meine Übungen an geführten Geräten machen. Saugen und andere Sachen lass ich lieber, denn eine kleine falsche Bewegung kann im Supergau enden. In unserem tollen Kleingarten kann ich auch nichts mehr machen. Es schränkt mich sehr ein und Jayde hat deutlich mehr Arbeit im Haushalt. Ich konnte aber die ersten 15 Monate (mit den Einschränkungen) fast normal damit Leben und habe sogar von den 20Kg Muskelmasse, die ich verloren hatte wieder 8 Kg draufgekämpft.

>FUCK YOU OPERATION. Ich schaffe das auch ohne dich Muahahahaha.<

Problem ist, dass mein Körper mittlerweile eine Resistenz gegen das Opioid entwickelt. In den ersten 15 Monaten hatte ich so ein durchschnittliches Schmerzlevel von 3-4. Leider bin ich jetzt wieder so bei 5-6. Deshalb werde ich auch im September in eine Schmerzklinik gehen, wo ich erst vom Opioid teilentgiftet werde, um dann ein Morphin anzusetzen. Juhu was glaubt ihr wie sehr ich mich auf den Teilentzug freue :(.

Für meine Spastik im Gesicht habe ich auch nach jahrelangem Kampf endlich Botoxbehandlung genehmigt bekommen. Es ist nicht ganz weg, aber ich kann wieder vor die Tür gehen, ohne wie ein Idiot angeschaut zu werden. Ich glaube mein Blut sollte niemand gespendet bekommen, denn mein Körper ist ein reiner Chemiebaukasten.
Ein Riesenproblem an meinen Medikamenten ist allerdings mein Schichtdienst. Nacht, früh, spät und das wechselt alle paar Tage ohne richtigen Rhythmus. D.h. Ich habe fast täglich das Problem nicht schlafen zu können und sitze oft 1-2 Stunden täglich mit beginnendem Opiatentzug da. Meine ADHS Medikamente zum Aufstehen, Schlaftabletten zum pennen, Opioide gegen die Schmerzen, Hormone, Medikamente für meinen kaputten Magen, Blutverdünner, Herzmedikamente, Nervenkommunikationsblocker, Psychopharmaka und eine besondere Ernährung wegen meines kaputten Verdauungstrakt. Da verschiebt sich bei jedem Schichtwechsel die Einnahmezeit und das macht meinem Körper und meiner Psyche wirklich schwer zu schaffen. Ich sitze total übermüdet, mit Entzug oder

starken Schmerzen vor meinen 8 Bildschirmen, muss freundlich zu meinen Fahrern am Funk sein, (weil auch sie total gestresst sind) und manchmal 5 Probleme gleichzeitig lösen.

Corona hat irgendwas in den Menschen verändert. Die Fahrer werden mit Verachtung behandelt. Dank Personalmangel, da viele überlastet und krank sind, fallen immer mehr Linien aus. Die Leute werden noch gereizter und lassen das dann an den Fahrern aus, die sich überhaupt noch zur Arbeit quälen. Da überall gespart wird, werden auch Arbeitsplätze abgebaut. Vier Fahrdienstleiter Arbeitsplätze wurden letzten Novemberabgeschafft und jetzt machen zwei Fahrdienstleiter die Arbeit, die vorher 6 gemacht haben. Es ist immer schön, wenn auf dem Papier der studierten Menschen etwas geht, das aber in der Umsetzung einfach nicht möglich ist. Konsequenz ist, dass die verbleibenden Fahrdienstleiter auch total überlastet sind und zwangsläufig irgendwann krank werden.

Da wird immer von Verkehrswende gesprochen, um mehr Menschen dazu zu bringen das Auto stehen zu lassen und Öffis zu nehmen, aber gleichzeitig wird das Personal komplett verheizt. Es wird überall gespart und immer mehr Fahrten fallen aus. Jeder normale Mensch kann doch schlussfolgern, dass man mehr Leistung nur mit mehr Personal bewältigen kann, aber nein, es wird sogar noch Personal abgebaut.

Danke an die Politik dafür.

Kapitel 16: Thailand und der Rest aus 2024

Ende April 2024 hatten wir uns einen Traumurlaub in Thailand gegönnt. Oberflächlich recherchiert soll Ende April eine gute Reisezeit für Thailand sein. Wir hatten allerdings das „Glück", in der größten Hitzewelle aller Zeiten dort zu sein. Abends war es in Khao Lak wirklich traumhaft am Strand. Wir saßen mal auf einer Bank und witzelten noch darüber, dass Jayde die Flasche Jod im Hotel vergessen hatte, die wir auf Grund der Malediven Erfahrung unbedingt überall dabei haben wollten. Natürlich stolperte ich dann über einen abgeknickten Baumstumpf und riss mir den halben Haxen blutig. Aber da mein Körper schon die Bakterien des Indischen Ozeans kannte, passierte diesmal nichts Schlimmeres in den folgenden Tagen.

Tagsüber war es kaum auszuhalten. Temperaturen bis 52 Grad und einige Hitze-Tote in Thailändischen Großstädten. Wir konnten nur morgens von 6 Uhr bis 11 Uhr raus. Den Rest des Tages bis Abends um 20 Uhr saßen wir im Zimmer. Wir hatten eine Reise mit 3 Stationen. Die zweite Station war auf Koh Yao Yai.
Geil, eine Villa mitten im Dschungel, aber auch dort waren wir gezwungen im Zimmer zu bleiben, da der 40 Grad warme Pool keine Abkühlung brachte.
Dann kam ich aus Langeweile auf die Idee, Pornos zu drehen. Wir hatten ein Stativ dabei, da wir ja eigentlich tolle Aufnahmen in Thailand von der Landschaft machen wollten. Der Pornodreh hat uns so richtig Spaß gemacht (Sex ist eine sehr wichtige Säule unserer Ehe).
Also waren wir quasi nur am Saufen und am Vögeln in unserer Villa. Unsere ersten drei Filme sind dort innerhalb der 5 Tage entstanden.

Die dritte Station war Phuket. Zwei Tage vor der Heimreise sind wir abends auf die Partymeile Patong.
Es war ein geiler Abend. Wir haben es uns gut gehen lassen und waren irgendwann voll wie ein Schwimmbad.
Keine Ahnung wie wir es geschafft haben wieder ins Hotel zu kommen. Wenn wir an den falschen Fahrer geraten wären, hätte sonstwas passieren können.
Am nächsten Morgen ging es mir zwar mies, aber Jayde hat es noch brutaler erwischt. Sie konnte nicht mehr aufstehen und selbst ein Schluck Wasser ist nicht drin geblieben. Ich war kurz davor, sie ins Krankenhaus zu bringen. Sie hatte wohl einen Hitzschlag und es wäre unmöglich gewesen sie so ins Flugzeug zu setzen. Zum Glück war das nicht unser letzter Abend in Patong und

nach ihrem (Überlebenskampf) am Tag danach, wurde sie genau rechtzeitig zur Abreise wieder halbwegs fit.

Zurück zu Hause sprachen wir darüber, die Filme online zu stellen. Jayde war der Meinung, dass wir keinen Cent damit verdienen würden, aber ich hatte so das Gefühl, dass wir Erfolg haben werden. Jayde ist einfach eine Bombe und hat unfassbares Talent vor der Kamera. Und damit meine ich nicht nur beim Vögeln. Es kam wie es kommen musste. Wir hatten Erfolg und die Einnahmen stiegen. In den nächsten sechs Monaten haben wir 60 Videos produziert und mehrmals wöchentlich live Sessions vor der Cam veranstaltet. Im Herbst im Kroatienurlaub, der auch total ins Wasser viel, da beschissenes Wetter war, haben wir uns allerdings Long Covid eingefangen.
Die 1200km Heimfahrt haben wir irgendwie im Fieberwahn bewältigt. Keine Ahnung wie wir das geschafft haben und ich kann mich auch nicht mehr an die Fahrt erinnern. Durch das Long Covid konnten wir natürlich nicht mehr so weitermachen wie bisher. Ich war schwer enttäuscht und fiel wieder in eine depressive Krise, denn so gut wie unsere Filme liefen, kam da schon der ein oder andere Gedanke auf, dass wir damit wohlhabend werden und auch wenn ich arbeitsunfähig bin, noch genug Geldreserven in Zukunft haben werden und vielleicht sogar ein großes Business damit aufbauen können. Aber mal wieder hat uns das Universum einen Knüppel zwischen die Beine geschlagen.
Wir waren körperlich und auch mental komplett ausgebrannt, da das ja schon reines Sportficken war. Überlegt mal 60 Filme in knapp 4 Monaten.

Ende vom Lied war dass wir die Porno Produktion einstellen mussten.

Es hat auch unsere Ehe stark beansprucht. Die Luft war raus, weil wir einfach übervögelt waren. In Wacken 2024 hatte Jayde mir sogar einen Dreier erlaubt. Das war das beste was sie machen konnte, denn dabei merkte ich, dass der Sex mit Jayde einmalig ist und ich keine andere mehr will. Also haben wir die Sexkriese auch irgendwann wieder überwunden und es ist jetzt wieder so schön wie früher. Haben auch nach fast sechs Jahren Ehe immer noch mehrmals pro Woche Sex. Das würde ich auch als ein kleines Wunder bezeichnen, dass mit meinem Medikamentencocktail überhaupt noch mein drittes Bein funktioniert.
Ich muss ein bisschen auf die Zeiten aufpassen, aber ca. eine Stunde nach der Opioideinnahme geht es recht gut.
Wir hatten uns an die zusätzlichen finanziellen Einnahmen aus der Pornoproduktion gewöhnt und da das eingebrochen ist, kam bei mir wieder wie gesagt die Hoffnungslosigkeit und meine Geldpanik zurück. Glücklicherweise kam Jayde dann auf die Idee, umzuswitchen und alleine BDSM Cam zu machen. Mittlerweile gehört sie zu den Top 3 Livecam Girls europaweit auf verschiedenen Erotikportalen, komplett ohne sich auszuziehen. Einfach nur durch ihre Art, wie sie die Männer in der Cam dominiert. Es ist eine unfassbare Leistung, dass sie mit den Top-Amateurgirls (die sich alle ausziehen) so hoch platziert ist. Wenn sie das bis zum Jahresende durchzieht wird sie mit

Sicherheit „Newcommer of the Year“ und gewinnt den Award bei MDH.
Die Pornos haben wir alle aus dem Netz entfernt. (Die heben wir auf, bis wir ein Millionenangebot für die Veröffentlichung bekommen ;)
Im November 2024 hatte ich dann den Termin beim Mannschaftsorthopäde. Das war hart, denn er sagte mir dasselbe wie die anderen. Die Wirbelsäule ist in der Struktur so geschädigt, dass ein Metallgerüst und die Versteifung unausweichlich ist. Hinzu kam, dass mein Magen verrückt spielte. Ich hatte keinen Appetit mehr und kämpfte den ganzen Tag gegen den Brechreiz. Also wieder zum Arzt. Natürlich bestanden viele Möglichkeiten, also sollte ich ins CT.
Das Ergebnis war ein Hammer. Eine 8cm lange Veränderung im Darm, die unbedingt abgeklärt werden muss. 3 Monate zuvor war mein Kollege an Darmkrebs erkrankt und mit meiner Historie war es naheliegend, dass ich das auch haben könnte.
Das hat mich mal wieder komplett aus dem Leben geworfen. Es kamen so Gedanken, dass ich niemals gesund sein werde und dass immer wenn ich mit einer Krankheit halbwegs klar komme, der nächste Hammer nicht lange auf sich warten lässt. Ich weiß nicht mehr der wievielte Nervenzusammenbruch, inklusive Suizidgedanken dann kam, aber durch meine vielen Therapien wusste ich, dass ich sofort Hilfe brauchte. Dementsprechend rief ich einen Vorgesetzten, der auch Notfallseelsorger ist, an und erzählte von meinem Problem und das ich keine Kraft mehr habe weiterzukämpfen. Er gab mir dann eine Notfallnummer von einer Einrichtung, die von unserer Firma bezahlt

wird, um in Notfällen zu helfen. Ich bekam dann fünf telefonische Psychologengespräche. Beim dritten Telefonat ist dann etwas passiert, das ein wichtiger Baustein meines heutigen Mindsets ist.

Kapitel 17: Das Wunder

Ich habe ja nie an Hokuspokus geglaubt und dass man selbst seine Gedanken steuern kann. Ich war ja mein Leben lang in der negativen Passivität gefangen und habe immer nur reagiert, wenn mal wieder etwas Neues dazugekommen ist. Die Psychologin sagte mir dann, ich solle in meinem Handy die 5 schönsten Ereignisse meines Lebens speichern und dies als tägliche Erinnerung (3 mal täglich) zur gleichen Zeit bekommen. Da ich nichts mehr zu verlieren hatte und ja alle anderen Methoden, die ich von ca. 20 verschiedenen Psychologen gelernt und von fünf Langzeittherapie nicht zur vollständigen Heilung geführt hatten, dachte ich mir „scheiss drauf ich probiere es einfach mal aus"
Und fuck es hat funktioniert. Drei mal am Tag kommt die Erinnerung und mir geht es sofort besser, wenn ich das lese. Ich muss nur kurz innehalten und mich in das Gefühl dieser fünf Ereignisse hineinversetzen und sofort ändert sich mein Gefühl zum Positiven.
Das war der Beweis, den ich gebraucht habe. Ich beschloss einfach, dass ich keinen Darmkrebs habe und mich nicht länger mit möglichen Horrorszenarios beschäftigen werde. Nach der Darmspiegelung, (wo ich sechs Wochen auf das Ergebnis wartete) kam tatsächlich heraus, dass mein Darm „nur" an vier Stellen entzündet ist.

Da ich ja mein ganzes Leben immer mal wieder den Impuls hatte, dass ich was großes im Leben erschaffen werde, (was leider von meinem Umfeld immer als Träumerei belächelt wurde, oder man mir sagte, „du bist nichts Besonderes und schaffst das es sowieso nicht, hör auf zu spinnen mit deinem Größenwahn") hörte ich dann mal in den Podcast von 2 sehr erfolgreichen Menschen rein, die über das Geheimnis ihres Erfolgs und ihren täglichen Routinen erzählten. Alle beide sprachen davon, dass sie täglich positive Glaubenssätze und Dankbarkeits-Bekundungen aufschreiben. Sie schreiben Ziele auf, als wären sie schon in Erfüllung gegangen und visualisieren diese. Sie programmieren so ihr Gehirn auf Erfolg. Das kam so authentisch rüber, dass ich mich weiter damit befasste. Die Recherche ergab, dass ganz viele erfolgreiche Menschen das genauso machen. Also begann ich zur Weihnachtszeit 2024 auch damit. Ich buchte einen Onlinekurs im Internet für 1800,-Euro, den ich in monatlichen Raten bezahle und mache bis zum heutigen Tag all das, was ich von meinem Coach vermittelt und in Büchern über reiche Menschen gelernt habe. Ich schreibe täglich eine Stunde lang positive Gedanken, Glaubenssätze und visualisiere Träume und Ziele. Seit dem höre ich Affirmationen, meditiere und verdammte scheisse es funktioniert!

Alle Therapien in meinem Leben zusammengenommen haben nicht so viel verändert wie diese Umprogrammierung hin zu positivem denken. Ich wache morgens mit guter Laune auf und habe fast keine depressiven Tage mehr. Es sind zwar immer kurze Momente, aber wenn ich mir dann Affirmationen anhöre, mich in eine kurze Meditation begebe und meine Glaubenssätze schreibe, ändert sich meine Stimmung sofort zum positiven.
Ich bin ein komplett neuer Mensch. Ich denke nur noch positiv und wie ihr seht, habe ich auch die Kraft mein Horror-Leben nochmal Revue passieren zu lassen und es niederzuschreiben. Jetzt bin ich endlich raus aus der Negativspirale!
Selbst Probleme werden zu etwas positivem. Es macht mir Spaß, Probleme zu lösen. Es ist unbeschreiblich, endlich selbst über meine Stimmung entscheiden zu können und zum ersten mal in meinem Leben wirklich über längere Zeiträume glücklich zu sein. In den ersten

12 Wochen nach Weihnachten habe ich auch viele schlechte Dinge in meinem Unterbewusstsein überarbeitet und bin erstmals in meinem Leben in der Lage meinen Kindern ein Vater zu sein, der sie bei allem Unterstützen möchte.
Ich habe mir selbst und allen anderen verziehen und bin tatsächlich dankbar für alles in meinem Leben. Ich bin sogar dankbar für meine Krankheiten, die Entzüge und die 5 mal, wo ich eigentlich hätte sterben müssen, denn die haben mich hierher gebracht und ermöglichen mir was ich mittlerweile auf Tiktok mache.
Ich helfe Menschen und bringe ihnen bei, sich auf positiv umzuprogrammieren. Es ist unglaublich. Der Ex-Junkie, der schon mehrmals fast Tod war, der vor 14 Jahren noch um Essensgutscheine bei Pfarrern gebettelt hat und dessen Selbstwert absolut unterirdisch war, ist zum Mindsetmonster geworden, der jeden Tag hilft, dass es Menschen besser geht. Ich lese sogar, nein ich fresse Bücher mittlerweile (ich habe lesen gehasst, weil ich mich nie darauf konzentrieren konnte und das gelesene weg war, bevor ich die Seite zu Ende gelesen hatte. Es blieb einfach nichts hängen).
Jetzt kann ich auf einmal Lesen und mir die Sachen auch merken. Mein Gehirn ist gierig auf Wissen und so bin ich auch auf den Coach gestoßen, der Bücher geschrieben hat, wie man mit Hilfe des Placebo-Effekts sich selber heilen kann. Diese Methode werde ich auch im September in der Klinik anwenden, um meine Wirbelsäule mit der Kraft der Gedanken zu reparieren. Wenn dich als Leser das Thema interessiert, komm gerne auf meine social Media Accounts (johnsawofficial bei Tiktok und officialjohnsaw bei Instagram) und

schreibe mir eine Nachricht oder komm zu mir ins Live. Dann kann ich dir die Bücher empfehlen und wir können ganz offen über alles in meinem Leben sprechen. RedJayde hat mitgezogen und sich auch umprogrammiert. Auch bei ihr wurde mit dem Visualisieren großer Ziele der Erfolg größer und größer. Im Vergleich zu vorher hat sie unglaubliche Statistiken. Wir haben so viele Pläne und Ideen, dass wir überhaupt nicht mehr wissen wann wir das alles in unserem Leben umsetzen können.
Ich fasste Ende Januar 2025 den Entschluss, dieses Buch hier zu schreiben (Mitte März war ich schon mit dem Manuskript fertig), um mich noch einmal der ganzen Vergangenheit zu stellen und alles zu verarbeiten ohne es zu verdrängen. Die Wochen waren hart und ein Besuch in meiner alten Heimat zusätzlich hatten mein neues Mindset hart auf die Probe gestellt, aber ich habe Stand gehalten und bin nicht wieder in die Depression zurückgefallen. Bei der Passage mit dem Typ am Baum hatte ich dann die Erleuchtung und mein Lebenssinn wurde mir folgendes klar….

>Ein mal wurde allerdings mein neues Ich vor 2 Wochen hart auf die Probe gestellt. Meinen ersten Tiktokaccount habe ich in 3 Wochen mit mehreren Stunden Arbeit pro Tag aufgebaut und hatte 2150 Follower. Das war eine astronomische Zahl für mich, denn niemals bisher in meinem Leben als ich so ein Projekt gestartet hatte, kam ich über 130 Follower hinaus. Doch dann am Mittwoch morgens der Schock. Mein Account wurde gehackt. Alles weg!

Der Typ hat ihn mir gestohlen und für seine Machenschaften verändert.
Erst war ich verzweifelt und habe mich stundenlang geärgert. Ich habe versucht Tiktok zu kontaktieren, dass ich meinen Account zurückbekomme, aber der Typ hat alle Spuren beseitigt und ich bekam ihn bis heute nicht wieder zurück. Früher wäre das ein Weltuntergang gewesen. Ich hätte das Leben verflucht und wäre wieder in Depressionen und Selbsthass-Gedanken wie „ich werde es niemals schaffen, immer passiert mir so etwas, ich bin einfach vom Pech verfolgt und soll ewig ein armer Schlucker bleiben, das Leben hasst mich usw. (Ihr wisst was ich meine. Die Gedanken, die man als psychisch kranker immer hat, wenn etwas in die Hose geht.)
Aber nach ein paar Stunden sagte ich mir „NEIN! Diesmal nicht. Ich weiß, dass es meine Mission ist mit meinem Leben in die Öffentlichkeit zu gehen. Ich weiß, dass ich es tun muss“.
Dann überlegte ich mir, was daran positiv sein könnte, dass mein Account geklaut wurde und mir fielen ein paar Dinge ein. Ich hatte ein paar blöde Videos drin, es war nicht alles aufeinander abgestimmt und der Account war nicht durch doppelte Verifizierung gesichert. Dann dachte ich mir, dass es zum Glück nur mit 2150 Follower passiert ist und nicht mit mehr. Also erstellte mir noch am selben Tag einen neuen Account, doppelt Abgesichert und mit Plan vorbereitet. Ich nahm die ersten Videos erneut auf, da ich meine alten nicht noch einmal verwenden konnte weil Tiktok sagt, es sind Raubkopien (ja logisch, weil die originalen ja auf dem anderen Account sind).

Und jetzt zwei Wochen später habe ich schon die 10000er Marke mit Followers durchbrochen. Das Universum hatte mich wohl einfach getestet und da ich nicht aufgegeben habe, werde ich jetzt belohnt.<

Kapitel 18: Meine Botschaft an die Welt

....In der Nacht, wo ich die Passage über den Steinbruch geschrieben habe, fing ich an nachzudenken.
-Warum musste ich das alles ertragen?
-Warum habe ich vom Universum unzählige Male so hart in die Fresse bekommen?
-Warum musste ich so dermaßen viele Entzüge durchstehen?
-Warum schaffte ich trotz der Schmerzen immer weiterzumachen?
-Warum haben Ärzte 43 Jahre lang mein ADHS und Autismus nicht erkannt?
-Warum habe ich mir den Sport ausgesucht, der meine Knochen zwar noch mehr kaputt gemacht hat, durch den ich mir aber so viel Wissen angeeignet habe, welches mir jetzt beim Kampf gegen die Operation hilft?
-Warum hatte ich so lange Depressionen und keine Freude am Leben?
-Warum konnte ich nie glücklich und zufrieden sein?
-Warum bin ich von so vielen Diagnosen betroffen?
-Warum habe ich ein paar mal eine Überdosis überlebt?
-Warum hatte ich immer wieder Anflüge von Gedanken, die mir sagten, dass ich mal was bedeutendes schaffen werde und die mich weiterkämpfen ließen?

-Warum bin ich tausend mal K.O. gegangen und bin immer wieder Aufgestanden?
-Warum klebt das Leben an mir wie eine Briefmarke und warum *verdammt noch mal* hat mir das Universum in diesem riesigen Gebiet am Steinbruch, den Typen am Baum direkt in den Weg gehängt, dass ich nicht springen konnte???

Die Antwort ist:
Weil ich es erleben musste, um all das hier zusammengefasst schreiben zu können!!!
-Studierte Psychologen, Ärzte und Therapeuten haben jahrelang Theorie studiert und bei Patienten beobachtet.
-Ich allerdings habe 43 Jahre lang Praxis gefühlt!
-Ich kann das alles reflektieren und ich weiß was in Therapien verbesserungsfähig ist.
-Ich weiß Dinge, die die Schulmedizin nicht weiß.
-Ich weiß, dass ADHS in der Bevölkerung und von vielen Ärzten viel zu harmlos bewertet wird.
-Ich weiß wie es den Betroffenen geht und wie ich Großflächig in der gesellschaftlichen Wahrnehmung ein Umdenken erreichen kann (man wird mir zuhören!).
-Mein unglaubliches Gedächtnis hat nichts vergessen.
-Meine Mission ist, mit der Schulmedizin zusammenzuarbeiten.
-Meine Mission ist, Menschen das zu ersparen, was ich erleben musste.
-Meine Mission ist zu helfen, für ADHS-Kinder ein neues förderndes Umfeld zu schaffen und Eltern von ADHS-Kindern Tipps zu geben, wie sie ihrem Kind helfen können, sein großes Potenzial auszuschöpfen.

-Meine Mission ist, Menschen zu coachen, dass sie sich auch positiv umprogrammieren können.
-Meine Mission ist es, Gedanken, die psychisch kranke Menschen haben, der Welt so erklären zu können, dass alle es verstehen.
-Meine Mission ist, dass wir psychisch Kranke nicht mehr wie Simulanten hingestellt werden, die sich mal „nicht so anstellen sollen".
-Meine Mission ist unsere Gefühle der Welt so zu vermitteln, dass diese Verharmlosung einer sehr schweren Krankheit endlich aufhört.
-Meine Mission ist es mit tausenden auf die Straße zu gehen, um zu erreichen, dass wir über 16 Millionen psychisch kranke in diesem Land keine Angst mehr haben müssen, ausgelacht und diskriminiert zu werden, denn das Universum gab mir das Talent und ich habe den unbedingten Willen dafür.
-Mein Talent ist, dass ich charismatisch, sympathisch, einfühlsam, kreativ und authentisch bin und dadurch andere von meinen Ideen überzeugen kann.

Wenn du das liest, glaube mir, dass ich etwas kann, was sonst keiner bisher versucht hat.

Falls du Wissenschaftler, Psychologe, Politiker, Firmenboss oder auch ein ganz normaler Mensch bist, hilf mir (und damit Millionen von Menschen) die falsche Wahrnehmung richtig zu stellen. Hilf mir, mein Wissen und mein Potenzial auszuschöpfen, damit wir zusammen die Welt für viele Kranke besser machen können.

-Hilf mir, eine Bühne zu finden, wo ich darüber reden kann.
-Hilf mir, viele Menschen zu erreichen.

Ich kann es schaffen, aber ich kann nicht alles alleine. Erst hatte ich nur Jayde und meine Kinder, die an meine Mission glauben, aber in den letzten Wochen kamen hunderte bei Tiktok hinzu und wenn **du** dich mir auch anschließt wird alles möglich.
-Hilf mir bei der Entwicklung neuer Therapieformen mitzuarbeiten.
-Hilf mir Lehrern und Schulen zu helfen, dass sie viel mehr Talente erkennen und fördern.

>Es sind so viele geniale Köpfe unter uns, die in negativen Gedanken gefangen sind. Die kein Selbstvertrauen haben und nicht daran glauben, dass sie etwas großes erreichen können. Wenn wir denen gemeinsam helfen sich zu heilen wird die Welt einen riesen Quantensprung bei der Verwirklichung neuer Erfindungen und neuem Wissen erleben.<

-Ich bin der Beweis, was man mit bloßem Willen alles erreichen kann.
-Ich bin der Beweis, dass man Wunder erschaffen kann und entgegen aller Prognosen der Ärzte und den tausenden Menschen, die mir immer eingeredet haben, was ich alles nicht kann, zu beweisen, dass jeder Mensch zu etwas besonderem fähig ist.
-Ich bin der Beweis, dass ein Junkie zu einem Verkehrsmeister in der Leitstelle werden kann und sich

trotzdem traut, sein Leben offen darzulegen und der Welt zur Verfügung zu stellen.
-Ich habe die Gabe mit wenigen Fragmenten komplexe Gesamtbilder zu erstellen.
-Ich bin hochsensibel, fühle meine Umgebung und fühle positive, wie auch negative Energie.
-Ich weiß, dass ich, wenn ich das hier veröffentliche, einen riesigen Shitstorm ernten werde.
-Ich weiß dass mich viele meiner Kollegen auslachen werden, wenn sie das hier lesen.
-Ich weiß, dass ich sehr vielen Menschen helfen kann (und auch muss), glücklich zu werden und habe angefangen Online-Coachingprogramme zu schreiben.
-Ich arbeite an Personal-Coachings und habe die Vision für die „John Saw Akademie", wo ich dann andere Talente zu Coaches ausbilden werde.
-Die Welt wird Coaches brauchen, denn das Gesundheitssystem ist schon jetzt kollabiert und es werden täglich mehr Menschen mit Bedarf für alternative Behandlungen.

-***Ich werde die Welt verändern*** und wie ich bei Tiktok in den Kommentaren lese, habe ich schon für einige die Welt zum positiven verändert.

Mit der Veröffentlichung dieses Buches riskiere meinen Job, aber gerade weil ich jetzt an meine Fähigkeiten glaube und es wichtig für die Welt ist, das hier zu lesen, mache ich weiter. Ich habe mich dazu verpflichtet, anderen meinen Leidensweg zu ersparen, also werde ich alles tun, was dafür nötig ist! Es werden mich viele Menschen hassen, denn ich werde Dinge in der

Öffentlichkeit anmahnen, die allzu gerne unter den Teppich gefegt werden. Ich brauche Visionäre an meiner Seite, die mir Zugang zur Medizin, zur Politik, zur Wissenschaft und zur Öffentlichkeit verschaffen (meine Master-Mind-Gruppe).

Wenn bei dir, jetzt nachdem du alles über mein Leben gelesen hast das Gefühl aufkommt, dass ich recht habe

und sich in unserer Gesellschaft etwas Grundlegendes verändern muss, rede mit anderen über mich. Erzähl von dem Typen, der die Welt verbessern will. Verbreite meine Geschichte und glaube daran, dass wenn wir als große Familie zusammenhalten, alles möglich ist!
Wir haben jetzt Mitte Juli und ich werde noch heute dieses Buch veröffentlichen und in die Hände des Universums legen. Ich sehe die Zukunft, wenn ich die Augen schließe und ich sehe eine riesengroße Familie, die gemeinsam auf die Straße geht, um der Welt zu zeigen, dass wir da sind und uns nicht mehr so behandeln lassen.

Einen paar Schlusssätze möchte ich noch für uns alle loswerden.
Alle, die dir einreden, was du nicht kannst, liegen falsch!
Du kannst alles! Dreh diese ganze negative scheisse in deinem Gehirn um und programmiere dich positiv!
Ich helfe dir dabei!
Du bist was du denkst und alle, die dir sagen, was du nicht kannst, sind Lügner!
Die Krankheit erzählt dir auch, was du nicht kannst und auch sie lügt dich an.
Kein Mensch hat Macht über dich ausser du selbst. Du alleine entscheidest was du wert bist und mit meiner Unterstützung wirst du deinen Selbstwert, dein Selbstvertrauen und deine Selbstliebe erhöhen.
Ich werde Wege finden, um allen dabei zu helfen, das negative zu durchbrechen!

Ich werde nicht locker lassen, bis wir das Leben jedes einzelnen, der sich verändern möchte zum Positiven verändert haben.
Du bist nicht allein! Ich bin jetzt da und ich verstehe dich!

<u>Gebe nie, nie, nie nie auf!</u>

Mein Dank gilt allen Menschen und Kollegen, die mich im Leben unterstützt haben.
Mein Dank gilt meiner Sister, weil sie ein ganz besonderer Mensch ist und für die Liebe, die sie mir entgegen bringt.
Mein Dank gilt meinen Eltern, dass sie mich auf diese Welt gebracht haben und oft für mich da waren.
Mein Dank gilt meinem Chef, der mir die Chance in der Leitstelle gegeben hat.
Mein Dank gilt „André“ für 25 Jahre in denen ich mich auf ihn verlassen konnte.
Mein Dank gilt meinem Trainingskameraden, der viel mehr als nur ein Freund ist und mich immer wieder Motiviert gegen meine Krankheiten zu kämpfen.
Mein Dank gilt meinem Freund, der mich seit 10 Jahren bei allen Aufgaben unterstützt, die mir das Leben stellt.
Mein Dank gilt meiner Tante, die mir als kleines Kind viel Aufmerksamkeit schenkte.
Mein dank gilt Gerhardt, von dem ich euch erzählt habe.
Mein Dank gilt Meiner Oma, die ihr letztes Hemd für mich gab und eine der wenigen Menschen war, die an mich und meine Fähigkeiten geglaubt hat.
Mein Dank gilt meinen Kindern, die mir verziehen haben.

Und zu letzt gilt mein Dank meiner Frau, die schon immer zu mir sagte, dass ich die Welt verändern kann und die mir in den letzten sechs Jahren das perfekte Umfeld geboten hat, um mich zu entwickeln. Ich danke ihr für ihre Liebe, ihre Toleranz und die unzählbar vielen Dinge, die sie mir beigebracht hat! Ich liebe dich!!!

Kontakt ausschließlich für potentielle Geschäftspartner: officialjohnsaw@gmail.com

Printed in Poland
by Amazon Fulfillment
Poland Sp. z o.o., Wrocław

53675279R00083